JN062886

成年後見ハンドブック

平田　厚

法曹会

はしがき

成年後見制度は，以前の禁治産宣告制度が全面的に改正されて，平成 12（2000）年 4 月 1 日からスタートしました。したがって，すでに施行後 20 年目を迎えることになるのですが，増加していく社会的ニーズに対して十分に応えられているのかが問題となり，平成 28（2016）年に成年後見制度利用促進法と成年後見事務円滑化法が成立し，平成 29（2017）年 3 月 24 日に閣議決定された成年後見制度利用促進基本計画のもと，さらなる運用強化が図られています。

成年後見制度利用促進基本計画では，①利用者がメリットを実感できる制度・運用の改善，②権利擁護支援の地域連携ネットワークづくり，③不正防止の徹底と利用しやすさとの調和などが挙げられています。このような基本計画の趣旨も踏まえ，裁判所において成年後見制度の申立てに関する統一書式が作成され，令和 2（2020）年 4 月 1 日から使用されることとされています。成年後見制度の利用促進については，成年後見制度が対象者の行為能力制限をもたらすことから慎重でなければならないのですが，そうだからといって，制度利用にあまりに時間がかかってしまっては，対象者の権利擁護制度としては十分とはいえません。

したがって，成年後見制度の対象者である本人の支援のために，本人の権利を最大限に尊重しつつ，申立権者と家庭裁判所が共働することによって，効率的な申立てから適切な開始審判がなされるべきだろうと思います。そのような意味をもって，先に示された「診断書作成の手引」と「本人情報シート作成の手引」に加え，このたび新たに，成年後見制度の申立てに関する統一書式が作成されたと思います。

本書では，この４月から使用されることとなった統一書式を盛り込ませていただき，本人の権利の尊重と効率的な制度の運用が図られるように解説することを心がけました。したがって，本書では，成年後見制度全体を取り巻くさまざまな問題を検討したうえで，新しい申立てに関する統一書式を示しておこうと思います。

本書の内容の意見の部分は，筆者個人の意見です。筆者の意見が一般的なものといえるかどうかは自信がありませんが，障がい者や認知症高齢者に対する権利擁護支援の現場実感から書かせていただいたつもりです。本書を刊行するに当たっては，条文記載の修正や数字のチェックなど多くの面で，法曹会の出版部次長橋迫信宏氏，出版部編集課主任稲葉唯氏にお世話になりました。法曹会の方々に感謝いたします。本書が，本人のための成年後見制度として，的確かつ効率的な申立てに役立つことがあれば幸いです。

令和２（2020）年４月

明治大学専門職大学院法務研究科教授・弁護士

平　田　　　厚

目 次

※書式・資料・審判書は，該当章の末尾に掲載しております。

略　語　表

⑴　文献略語

小林＝大門＝岩井・解説	小林昭彦＝大門匡＝岩井伸晃編著『新成年後見制度の解説［改訂版］』きんざい（2017 年）
金子・逐条	金子修編著『逐条解説・家事事件手続法』商事法務（2013 年）

⑵　法令略語

民　＝　民法

家手　＝　家事事件手続法

任意後見　＝　任意後見契約に関する法律

⑶　判例略語

民集　＝　最高裁判所民事判例集

家月　＝　家庭裁判月報

判タ　＝　判例タイムズ

判時　＝　判例時報

金判　＝　金融・商事判例

第１章　成年後見制度のコンセプト

はじめに

成年後見制度とは，判断能力の低下した成年者に対して，代弁的支援を行うことを目的とする制度のことを指している。成年後見制度は，平成 11（1999）年に成立した「民法の一部を改正する法律」によって成立した法定後見制度および「任意後見契約に関する法律」によって成立した任意後見制度を含む総称である。

平成 11 年の改正前の禁治産・準禁治産宣告制度は，要支援者の保護という理念のもとに過度の規制も定めており，社会的偏見を伴う硬直的で利用しにくい制度であることが指摘されていた。特に禁治産宣告制度は，種々の資格制限規定との連動性があり，過度の資格制限がノーマライゼーションの理念に反するものとして問題となった。

そこで，自己決定権の尊重・残存能力の活用・ノーマライゼーションの達成という理念のもとに，柔軟かつ弾力的な利用しやすい制度にすべく成年後見制度が成立したのである。成年後見制度の具体的な内容は，①禁治産宣告・準禁治産宣告に相当する成年後見開始審判・保佐開始審判の内容をそれぞれ弾力化するとともに，原則として精神鑑定を要しない補助開始審判という新しい類型を創設したこと，②配偶者法定後見人制度を廃止し，複数後見人・法人後見人などを明文化して，支援方法を多様化したこと，③戸籍への記載を廃止して，原則非公開の新しい登記制度を創設したこと，④身寄りのない高齢者など支援が必要であるにもかかわらず申立人さえ確保できない場合のために，関係福祉法の整備によって，市町村長に「福祉を図るため特に必要があると認められるとき」に申立権を付与したこと，⑤十分な判断能力があるうちに，判断能力が低下した場合の後見事務の内容と任意後見人とを自ら決めておく契約制度であり，判断能力が低下した場合には，任意後見監督人を選任することによって公的な監督を伴うものとする任意後見制度を創設したこと，などであった。

本書は，成年後見制度のハンドブックとして，現在の実務的な取扱いとその理論的な背景についてまとめようとするものであるが，そのような実際上の問題に入る前に，成年後見制度の理念について，本章で簡潔にまとめておくこととしたい。

1 禁治産宣告制度から成年後見制度へ

成年後見制度は，改正前の禁治産宣告制度を変更したものである。そもそも禁治産宣告とは，「財産を治めることを禁じる命令」という意味であり，明治民法にいう財産とは，家の財産つまり「家産」を指すものであった。しかし，昭和 22（1947）年に明治民法が改正されて現行民法へと姿を変えた際には，家産は保護の対象でなくなり，判断能力が不十分な人の財産を保護する制度へと意味を変えたのである。すなわち，判断能力が不十分な人は，判断能力が不十分なためにその財産を侵害されるおそれがあるため，行為能力を制限して財産管理を第三者に委ねるパターナリズムの制度へと変更されたこととなる。

禁治産宣告という名称は，いかにもパターナリズムそのものを表す呼称であり，ノーマライゼーションの理念に照らすと，本人の自己決定（意思決定）を中心として，第三者が側面支援する代弁的支援を行う呼称のほうが望ましい。そういう意味では，禁治産宣告制度という高圧的な呼称ではなく，成年後見制度という支援的な呼称に変わったと理解できる。

平成 11 年当時は，社会福祉基礎構造改革が同時並行的に行われており，社会福祉サービスの提供方式を措置という行政処分から契約という私的行為へと転換することとし，改正民法の施行と公的介護保険法の施行とが平成 12（2000）年 4 月に同時施行とされたのである。そのため，禁治産宣告制度から成年後見制度への変更も短期間での検討となってしまい，それほど大胆な変更までは及ばなかったともいえる。たとえば，公的後見制度の検討などは時間不足でなしえなかったとも評価できると思われる。

もっとも，民法858条を規定し直し，本人の意思尊重義務と身上配慮義務を定めたことは，従来の禁治産宣告制度の「財産保護制度」という性質を大きく変更するものであったと評価できる。成年後見制度は，施行されてすでに20年を経過してきた。これまでの20年の間に，最高裁判所や家庭裁判所，各種の職能団体と専門職，家族法学者や福祉実務者などの努力が積み重ねられてきた。その到達点が現在の実務であるということを前提に，本書に記載した実務の取扱いを検討してほしい。

2　自己決定権（意思決定権）の尊重の理念

成年後見制度は，判断能力が不十分となった人の自己決定権（意思決定権）を尊重しようとする立場を明確にしている。民法の条文では，民法858条が端的に成年後見人による成年被後見人の意思を尊重する義務を明記している。また，民法9条ただし書により，日常生活に関する行為に関しては，成年後見人は取消権を行使しえない。さらに，民法843条4項に定めているとおり，成年後見人の選任については，本人の意見を考慮しなければならない。これらのように，従来の禁治産宣告制度ではなかった規定が設けられている。

保佐制度においても，民法876条の5第1項が保佐人による被保佐人の意思尊重義務を明記しており，民法13条1項ただし書により，日常生活に関する行為に取消権を行使しえないことも定められている。民法876条の2第2項は同843条4項を準用し，保佐人の選任については，本人の意見を考慮しなければならないとしている。また，民法876条の4第2項に基づいて，本人以外の者が保佐人に特定の法律行為に関する代理権を付与する審判を請求するに当たっては，本人の同意が必要であるとしている。さらに，民法13条3項は，本人の不利益となるおそれがない行為について保佐人が同意しない場合には，被保佐人は，家庭裁判所から保佐人の同意に代わる許可を得て，当該行為を自ら行うことができるものとしている。

補助制度は，禁治産宣告時代にはなかった第三の類型として，補助人の支援を受けるものの，あらゆる側面で被補助人本人の同意を要するものとしており，本人の自己決定権（意思決定権）の尊重を進めた制度である。民法 876 条の 10 第 1 項は補助人について保佐人の意思尊重義務の規定（民 876 条の 5 第 1 項）を準用し，民法 17 条 1 項は保佐に関する規定（民 13 条 1 項）を前提としている。民法 876 条の 7 第 2 項は同 843 条 4 項を準用し，補助人の選任については，本人の意見を考慮しなければならないとしている。

また，民法 15 条 2 項は，本人以外の者が補助開始審判を請求するには本人の同意が必要であるとし，民法 17 条 2 項は本人以外の者が補助人に特定の法律行為に関する同意権を付与する審判を請求するに当たっては本人の同意が必要であるとし，民法 876 条の 9 第 2 項は同 876 条の 4 第 2 項を準用して，本人以外の者が補助人に特定の法律行為に関する代理権を付与する審判を請求するに当たっては本人の同意が必要であるとしている。さらに，民法 17 条 3 項は，本人の不利益となるおそれがない行為について補助人が同意しない場合には，被補助人は，家庭裁判所から補助人の同意に代わる許可を得て，当該行為を自ら行うことができるものとしている。

任意後見契約に関する法律も，本人の自己決定権（意思決定権）の尊重のもとに，新たに設けられた制度である。

3　障害福祉サービスに関する意思決定支援ガイドライン

自己決定権（意思決定権）の尊重に関しては，いくつかの意思決定支援ガイドラインが公表されている。まず，「障害福祉サービス等の提供に係る意思決定支援ガイドライン」（厚生労働省社会・援護局障害保健福祉部長通知・障発 0331 第 15 号）が，平成 29（2017）年 3 月 31 日に公表された。

このガイドラインの趣旨としては，「障害者の日常生活及び社会生活を総合的に支援するための法律」(以下，単に「障害者総合支援法」という。）において，障がい者等の意思決定支援が重要な取組みとして位置づけられているとし，ノーマライゼーション理念の浸透や障がい者の権利擁護が求められるなかで，障がい者の自己決定の尊重に基づいて支援することが重要であることは誰もが認識しているものの，自己決定が困難な障がい者に対する支援の枠組みや方法等については必ずしも標準的なプロセスが示されていないため，障害福祉サービスの現場において意思決定支援がより具体的に行われるための基本的考え方や姿勢，方法，配慮されるべき事項等を整理し，事業者がサービスを提供する際に必要とされる意思決定支援の枠組みを示し，障がい者の意思を尊重した質の高いサービスの提供に資することを目的としているとされている。

この意思決定支援ガイドラインは，総論と各論とから成り立っており，その総論部分として，意思決定支援の定義・意思決定を構成する要素・意思決定支援の基本的原則・最善の利益の判断・事業者以外の視点からの検討・成年後見人等の権限との関係の６つで構成されている。意思決定を構成する要素としては，本人の判断能力，意思決定支援が必要な場面，人的・物理的環境による影響の３つが挙げられている。

そして，意思決定支援の基本的原則として，３つの原則が挙げられている。まず，第１の原則としては，本人への支援は自己決定の尊重に基づき行うことが挙げられている。次に，第２の原則としては，職員等の価値観においては不合理と思われる決定でも，他者への権利を侵害しないのであれば，その選択を尊重するよう努める姿勢が求められるとしている。そして，第３の原則としては，本人の自己決定や意思確認がどうしても困難な場合は，本人をよく知る関係者が集まって，本人の日常生活の場面や事業者のサービス提供場面における表情や感情，行動に関する記録などの情報に加え，これまでの生活史，人間関係等様々な情報を把握し，根拠を明確にしながら本人の意思及び選好を推定することとしている。

さらに，本人の意思を推定することがどうしても困難な場合は，関係者が協議し，本人にとっての最善の利益を判断せざるを得ない場合があるとするが，これは最後の手段であって，①メリット・デメリットの検討，②相反する選択肢の両立，③自由の制限の最小化などの点に留意することが必要とされている。

成年後見人等の権限との関係については，意思決定支援の結果と成年後見人等の身上配慮義務に基づく方針とが齟齬をきたさないよう，意思決定支援のプロセスに成年後見人等の参画を促し，検討を進めることが望ましいとされている。

4　認知症の人に関する意思決定支援ガイドライン

次に，「認知症の人の日常生活・社会生活における意思決定支援ガイドライン」（厚生労働省）が，平成 30（2018）年 6 月に公表された。このガイドラインは，成年後見制度利用促進委員会における，意思決定支援のあり方に関する指針の策定に向けた検討が進められるべきとの指摘に基づいて策定されたものである。

このガイドラインの趣旨としては，われわれ一人一人が自分で意思を形成し，それを表明でき，その意思が尊重され，日常生活・社会生活を決めていくことが重要であることは誰もが認識するところであり，認知症の人についても同様であるとの基本的な認識のもと，認知症の人を支える周囲の人において行われる意思決定支援の基本的考え方（理念）や姿勢，方法，配慮すべき事柄等を整理して示すことによって，認知症の人が自らの意思に基づいた日常生活・社会生活を送れるようにすることを目指しているものとされている。

このガイドラインの基本的考え方としては，①誰の意思決定支援のためのガイドラインなのか，②誰による意思決定支援のガイドラインなのか，③意思決定支援とは何か（支援の定義）が挙げられており，②のなかで，成年後見人（法定後見人である保佐人・補助人を含み，任意後見人も含む。）に対するものでもあることが明記されている。

そして，認知症の人の特性を踏まえた意思決定支援の基本原則として，3つ挙げられている。まず，第1の原則として，本人の意思の尊重が挙げられている。次に，第2の原則として，本人の意思決定能力への配慮が挙げられている。そして，第3の原則として，チームによる早期からの継続的支援が挙げられている。

これらの視点は，平成26（2014）年1月に批准した障害者権利条約との整合性においても求められていることであり，今後は，成年後見制度の運用においても，本人の意思決定支援に関するガイドラインが適切に活用されることが求められている。

第２章　成年後見等開始の申立て

はじめに　成年後見制度の注意点

成年後見制度は，判断能力が不十分である人につき，成年後見開始審判等に基づいて本人の行為能力を制限し，本人がなした行為を事後的に取り消すことができることとして本人の利益を保護するとともに，本人を支援するための同意権や代理権等を成年後見人等に付与して代弁的に支援する制度である。

わが国では，私的自治の原則をもって民事法の原則としているため，日常生活はさまざまな法律行為を行うことによって営む体制となっている。判断能力が不十分である人は，十分な法律行為を行うことができないのであるから，判断能力が不十分で法律行為をすることが困難な人の支援制度が充実しなければ，本人の福祉が十分に図れないことになる。

成年後見制度は，本人を保護するために本人の行為能力を制限するとともに，本人を支援するための法的権限を成年後見人等に付与することによって，判断能力が不十分な人を支援するものである。判断能力が不十分である人にとっては，支援してもらえるという面はありがたいこととなる反面，権利を制限されてしまうという面ではありがたくないことにもなりうる。

つまり，成年後見制度には，判断能力が不十分である人につき，取消権等をもって権利侵害から保護するという側面と代理権等をもってその自立生活を支援するという側面とがある。そうすると，その両面に配慮して本人のためにどのような支援をすることが必要なのかを考えることが重要になるのであり，どちらか一方だけを視野に入れた支援は好ましくないことになりうることに注意が必要である。

1　成年後見等開始の申立ての内容

成年後見開始審判は，精神上の障害によって事理を弁識する能力を欠く常況（「状況」ではないことに注意が必要。）にある場合になされる（民7条)。保佐開始審判は，精神上の障害により事理を弁識する能力が著しく不十分である場合になされる（同11条)。補助開始審判は，精神上の障害により事理を弁識する能力が不十分である場合になされる（同15条)。つまり，民法は，成年後見・保佐・補助という3段階の法定後見類型を設定し，それぞれの審判を行うにつき，判断能力の段階的な低下状況がそれぞれの審判をするための要件となっている。

任意後見については，任意後見契約に関する法律が定められている。任意後見契約とは，自己の判断能力が不十分になった場合に備えて，自己の生活・療養看護・財産管理に関する事務の全部または一部につき，公正証書によって，自己の選んだ者に代理権を付与して委任しておき，本人に判断能力が不十分な状況が生じたときに，家庭裁判所が任意後見監督人を選任した時点で契約の効力を発するものと定義されている（任意後見2条1号)。

成年後見制度の全体的な流れは次の図１のようになる。

図１

支援の必要性：精神上の障害により判断能力の不十分な人の存在

⬇

申立て：本人，配偶者，四親等内の親族等による成年後見開始審判等の請求

⬇

審判手続：家庭裁判所による成年後見開始審判等－成年後見人等の選任

＊　成年後見開始審判等の効果
　①　成年後見人等への取消権付与
　②　成年後見人等への代理権付与
　　例外：ア　居住用不動産の処分には，家庭裁判所の許可が必要

イ　利益相反行為には，特別代理人・臨時保佐人・臨時補助人（各監督人がいる場合を除く。）の選任が必要

③　保佐人及び補助人への同意権付与

④　成年後見人等の意思尊重および身上配慮義務

職務執行：財産調査・目録作成等，財産管理・処分，費用・報酬の発生

後見監督：家庭裁判所や成年後見監督人等による成年後見人等の事務の監督

職務終了：管理計算等

①　成年被後見人の死亡
②　原因消滅による審判の取消
③　成年後見人の辞任
④　成年後見人の解任
⑤　成年後見人の欠格事由該当
⑥　成年後見人の死亡

2　申立権者

⑴　民法の条文・社会福祉関連法の条文と解釈

①　成年後見開始審判の申立権者：本人，配偶者，四親等内の親族，未成年後見人，未成年後見監督人，保佐人，保佐監督人，補助人，補助監督人又は検察官（民 7 条）

②　保佐開始審判の申立権者：本人，配偶者，四親等内の親族，後見人，後見監督人，補助人，補助監督人又は検察官（民 11 条）

③　補助開始審判の申立権者：本人，配偶者，四親等内の親族，後見人，後見監督人，保佐人，保佐監督人又は検察官（民 15 条 1 項）

④　本人の福祉を図るため特に必要があると認めるときの①②③の申立権者：市町村長（老人福祉法 32 条・知的障害者福祉法 28 条・精神保健及び精神障害者福祉に関する法律 51 条の 11 の 2）

これらの条文にいう「本人の福祉を図るため特に必要があると認めるとき」については，老人福祉法32条が問題となった事案において，東京高決平成25年6月25日判タ1392号218頁は，「本人は体力の低下のみならず，認知症と診断されるなど判断能力の低下も認められるところ，抗告人による本人の介護状況は，極めて不適切であるとの評価を免れないものであるから，本人の保護の必要性が高い状態であったということができる。それにもかかわらず，抗告人において，本人について成年後見開始等の審判を申し立てることは，期待できない状況である。」という事実を認定して，この要件を満たしていると判断している。

この要件を満たしているかどうかを判断するに当たって親族調査をすべきかどうかについては，平成17年7月29日厚生労働省通知（障障発第0729001号・障精発第0729001号・老計発第0729001号）は，市町村長は，あらかじめ二親等内の親族の有無を確認することとし，二親等内の親族がいない場合であっても，三親等内又は四親等内の親族であって審判請求をする者の存在が明らかであるときは，市町村申立ては行わないことが適当であるとしている。しかし，家庭内虐待等が存している場合には，親族が申立てを行うことを期待できない場合が多いのであるから，親族調査が不可欠なものではないというべきである。

⑤　本人の利益のため特に必要があると認めるときの①②③の申立権者：任意後見受任者，任意後見人及び任意後見監督人（任意後見10条2項）

⑵　申立権者のポイント

①　成年後見開始審判のみ未成年後見人が入っているのはどうしてなのか。

判断能力が不十分な未成年者がいる場合，親権も未成年後見も本人が成年年齢に達したときに終了してしまうため，親権者や未成年後見人がいる場合であっても重ねて成年後見人を選任しておき，支援に断絶状態が生じないようにしておく必要性がある。

従来は，未成年後見人は一人とする規定があったため，未成年後見人と成年後見人との併存については異論もあったが，平成23年の民法改正によって未成年後見人も複数選任できるようになった。ただし，親権者や未成年後見人と成年後見人の判断が食い違って本人に不利益が生じないようにするには，親権者や未成年後見人を重ねて成年後見人に選任することが望ましい。

なお，以上の事情は，保佐開始審判や補助開始審判でも同様であるが，保佐開始審判や補助開始審判の申立権者は，単に「後見人」と定めており，これは成年後見人と未成年後見人をともに含むものとされている（小林＝大門＝岩井・解説 53 頁）。

② 四親等内の親族とはどのような親族なのか。

親等は，「親族間の世代数を数えて，これを定める。」（民 726 条 1 項）とされており，親族は，①六親等内の血族，②配偶者，③三親等内の姻族とされている（民 725 条）。姻族とは，婚姻を媒介とした親族関係のことであり，血族の配偶者と配偶者の血族を両方含むこととなる。

具体的に誰が何親等の血族あるいは姻族になるのかについては，次頁の図 2 を参照されたい。

③ 検察官はどうして申立権者になっているのか。

検察官には公益の代表者として申立権が付与されている。ただし，近親者の本人に対する経済的搾取を隠蔽しようとする成年後見開始審判等の濫用的な申立てもありうるのであるから，犯罪の訴追官としての役割を有している検察官が濫用的なケースに利用されかねないことに関して慎重になってしまうことはやむを得ないというべきであろう。

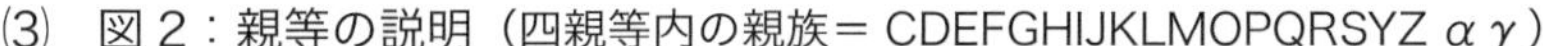

⑶　図２：親等の説明（四親等内の親族＝CDEFGHIJKLMOPQRSYZ $\alpha\gamma$）

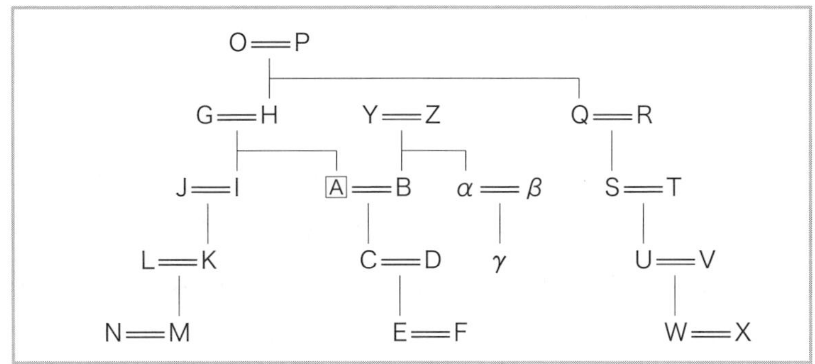

＊　A（本人）を中心とすると，B は配偶者。

四親等内の親族には，四親等内の血族と三親等内の姻族が含まれる。

CGH は一親等の血族（C は子，GH は父母）。IEOP は二親等の血族（I は兄弟姉妹，E は孫，OP は祖父母）。KQ は三親等の血族（K は甥姪，Q は伯父伯母・叔父叔母），MS は四親等の血族（M は甥姪の子，S は従兄弟・従姉妹）。

D は一親等の姻族（D は子の配偶者）。FJ は二親等の姻族（F は孫の配偶者, J は兄弟姉妹の配偶者）。LR は三親等の姻族（L は甥姪の配偶者，R は伯父伯母・叔父叔母の配偶者）。NT は四親等の姻族であるが姻族は三親等までを親族とするので（民 725 条 3 号。血族は六親等まで。），N（甥姪の子の配偶者）や T（従兄弟・従姉妹の配偶者）は申立権者には含まれない。

A の三親等内の姻族には，A の配偶者 B の三親等内の血族（父母，祖父母，子，孫，兄弟姉妹，伯父伯母・叔父叔母，甥姪など。従兄弟・従姉妹は四親等なので含まれない。）が含まれるため，YZ（配偶者の父母），α（配偶者の兄弟姉妹），γ（配偶者の甥姪）も申立権者に含まれる。

3　申立ての要件

⑴　成年後見等の開始要件

①　成年後見の開始要件：成年後見開始審判があったこと（民 838 条 2 号）

成年後見開始審判は，精神上の障害によって事理を弁識する能力を欠く常況にある場合になされる（民 7 条）。成年後見開始審判をなすには，本人の同意能力がない場合をも想定しているため，本人の同意は必要ない。

民法は，成年後見・保佐・補助につき，「事理弁識能力を欠く常況」「同能力が著しく不十分」「同能力が不十分」というように，段階的な判断能力の低下を前提として，判断能力の低下に応じた支援方法（同意権・取消権・代理権など）を準備している。しかし，対象となる事務の性質によって必要とされる判断能力の程度が定まるともいえるはずであり，法的判断としては必要な事務との相関関係において能力判断がなされるべきであるという考え方も成り立つ。

民法 9 条ただし書等で，日常生活に関する行為については成年後見人等の取消権が及ばないとされていることも，そのような相関的な能力判断を前提にしているものと解することもできる。そうだとすると，重要な財産処分行為が必要な場合や複雑な財産紛争が生じている場合には，一定の判断能力があっても成年後見開始審判がなされておかしくない。逆に，日常生活に関する行為の範囲を超えてはいるが，簡易かつ利益状況が客観的に明確な財産処分行為をなす場合（たとえば，資産がほとんどなく借金が莫大であるときの相続放棄）には，判断能力が著しく低くても本人が行為できると考えてかまわないのではないかと思われる。

意思能力と事理弁識能力の関係については，従来から問題とされてきたところであるが，債権法改正によって，民法 7 条等の「事理を弁識する能力」とは別に「意思能力」という概念を導入し，「法律行為の当事者が意思表示をした時に意思能力を有しなかったときは，その法律行為は，無効とする。」（民 3 条の 2）という明文規定が置かれることとなった。

平成 11 年の民法改正の立法担当者の説明では，事理弁識能力とは，知的能力・日常的な事柄を理解する能力（狭義の事理弁識能力）・社会的適応能力の 3 つの概念をすべて総合した広義の判断能力という趣旨で規定された用語であるとされ（小林＝大門＝岩井・解説 51 頁），意思能力とは，法律行為の結果を弁識するに足る能力であると解されてきたところであるが，実質的には差異がないと考えられてきた。

しかし，山本敬三教授は，民法債権法改正における議論を詳細に検討し，能力概念を「存立要件としての能力」と「資格要件としての能力」とに分け，「資格要件としての能力」には，「合理的判断能力」と「意味理解能力」とが含まれているとし，「合理的判断能力」が事理弁識能力を指しており，「意味理解能力」が意思能力を指しているのではないかと問題提起しており，そのような捉え方が有力となっている（山本敬三「民法の改正と意思能力の明文化――その意義と残された課題」水野紀子・窪田充見編『財産管理の理論と実務』（日本加除出版，2015 年）23 頁以下）。

そうだとすれば，合理的判断能力を喪失しているため成年後見開始審判を受けているが，対象行為によっては意思能力が存するという理論的帰結がありうる。また逆に，合理的判断能力は存しているものの，対象行為によっては意思能力が存しないという理論的帰結も十分に成り立ちうることになるのではないかと思われる。

②　保佐の開始要件：保佐開始審判があったこと（民 876 条）

保佐開始審判は，精神上の障害によって事理を弁識する能力が著しく不十分な者に対してなされる（民 11 条）。保佐開始審判は，必ずしも本人の同意能力がない場合になされるものではないが，本人保護の必要性から，本人以外の者の請求によって特定の法律行為に関する代理権を保佐人に付与する場合を除いて（民 876 条の 4 第 2 項。この場合の同意書については，後述の資料 5 を参照），本人の同意は必要ないとされている。

③　補助の開始要件：補助開始審判があったこと（民 876 条の 6）

補助開始審判は，精神上の障害によって事理を弁識する能力が不十分な者に対してなされる（民 15 条）。補助開始審判は，不十分ながらも本人の判断能力がある場合になされるのであるから，本人以外の請求によってなされる場合には，本人の同意が必要である（同条 2 項）。この場合の同意書については，後述の資料 6 を参照。

⑵ 成年後見等の申立ての要件

① 診断書の提出

成年後見等開始審判の申立てについては，民法上，特に何らかの書類の提出が義務づけられているわけではない。ただし，家事事件手続法では，成年後見開始審判及び保佐開始審判をするには原則として精神の状況に関する鑑定をしなければならないとしているが（家手119条1項・133条），補助開始審判及び任意後見監督人選任審判をするには精神の状況について医師等の意見を聴かなければならないとしている（同138条・219条）。

したがって，補助開始審判及び任意後見監督人選任審判の申立てに関しては，医師の診断書の提出を求めることに合理性がある。しかし，家庭裁判所においては一般的に，成年後見開始審判及び保佐開始審判の申立てに関しても，家事事件手続法119条1項ただし書が診断書の記載等から明らかに精神鑑定の必要がない場合には精神鑑定を不要としているため，精神鑑定の要否を検討するために，診断書の提出を求めることとしている（最高裁判所事務総局家庭局「成年後見制度における診断書作成の手引」）。

もっとも，本人が診断を拒否している場合であっても，成年後見制度によって本人を支援する必要性が高い場合もありうる。そこで，上記の診断書作成の手引では，診断書の作成・提出が困難な場合には，診断書の添付がなくても申立てを行うことは可能であることが注記されている。その場合には，多くのケースで申立人が鑑定を行うための費用を一時的に負担して手続を進めるものとしている。

上記診断書作成の手引には，成年後見制度用の診断書の書式が定められており，診断書を作成する医師向けの診断書記載ガイドラインが詳細に定められている。また，同手引には，診断書記載例として，モデル事例5種の記載例が示されている。モデル事例1が「認知症（重度），施設入所」，モデル事例2が「認知症（軽度），在宅，独居」，モデル事例3が「知的障害（重度），施設入所」，モデル事例4が「知的障害（軽度），在宅，親族と同居」，モデル事例5が「精神障害（統合失調症），医療保護入院中」となっている。

②　本人情報シートの提出

平成 28（2016）年 5 月に成年後見制度の利用の促進に関する法律が施行され，平成 29（2017）年 3 月には成年後見制度利用促進基本計画が閣議決定されたことに伴い，医師が家庭的・社会的状況等に関する情報も踏まえて行った医学的判断をより的確に表現することができるよう，上記のように診断書の書式を改定するとともに，福祉関係者が本人の生活状況等に関する情報を記載し，医師にこれを伝えるためのツールとして，新たに「本人情報シート」の書式も整えられることとなった（最高裁判所事務総局家庭局「成年後見制度における診断書作成の手引・本人情報シート作成の手引」平成 31 年 4 月）。

この「本人情報シート」は，医師が本人の判断能力の程度等についての意見を述べるに当たって，本人の日常及び社会生活に関する客観的な情報を提供した上で，本人の生活上の課題を伝えることが有益ではないかとの考慮に基づき，基本的に医師が医学的な判断をする際の参考資料（診断の補助資料）として活用されることが想定されている。この本人情報シートに関しても，書式が定められ，本人情報シート記載ガイドラインが詳細に定められている。そしてここでもモデル事例 5 種の記載例が示されており，モデル事例 1 が「認知症（重度），施設入所」，モデル事例 2 が「認知症（軽度），在宅，独居」，モデル事例 3 が「知的障害（重度），施設入所」，モデル事例 4 が「知的障害（軽度），在宅，親族と同居」，モデル事例 5 が「精神障害（統合失調症），医療保護入院中」となっている。

したがって，今後は，成年後見開始審判等の申立てにおいては，①の診断書とともに，②の本人情報シートの提出も求められることとなる。もっとも，これまで誰も関わりを持っていなかった人に関して，緊急に成年後見制度に基づいて支援しなければならないというように，本人情報シートの提出が難しい場合も想定しうる。そういう場合には，本人情報シートを添付することなく成年後見開始等の申立てを行うことはできるとされている。

③　成年後見人等の候補者

現在の東京家庭裁判所・東京家庭裁判所立川支部における「成年後見・保佐・補助申立ての手引」（平成30年4月）によれば，成年後見開始審判等の申立てにおける必要書類として，「後見人等候補者事情説明書」及び「後見人等候補者の住民票又は戸籍の附票」が挙げられている。

そして，同手引では，「申立書に記載された候補者が必ず選任されるとは限りません。」と注記しつつも，「成年後見制度の内容や成年後見人等の職務を理解された上で責任をもって引受けてくださる方を1名挙げてください。家庭裁判所に一任する場合は，申立書の『成年後見人等候補者』欄に『家庭裁判所に一任』と記載してください。」とされている。

成年後見人等は，適格性判断に基づいて家庭裁判所が職権で責任をもって選任するものであり，申立てにおける候補者の記載に拘束されるものではない。つまり，後見人等候補者に関する記載は，家庭裁判所の適格性審査を除外するものではないことを前提として，本人にとって後見人等としての適格性を有する者を探すための便宜として事実上推薦しているだけであり，法的な拘束性はないものである。

もっとも，平成29年3月に閣議決定された「成年後見制度利用促進基本計画」においては，権利擁護支援の地域連携ネットワークとそのコーディネートを担う中核機関を整備し，中核機関が家庭裁判所に対し本人の状況に応じた後見人候補者を推薦することとされている。

中核機関等において，家庭裁判所が本人の特性を十分に踏まえて後見人等を選任することができるよう，本人の意向や生活状況，本人を取り巻く支援の状況等も踏まえ，後見人候補者を推薦するとともに，適切な情報提供を行うことで，家庭裁判所において本人の権利を保護するために最も適切な後見人等を選任することができるものと期待されている。

⑶　成年後見開始審判等の申立ての管轄

①　国内管轄

成年後見開始審判等の管轄は，成年後見開始審判については，成年被後見人となるべき者の住所地を管轄する家庭裁判所の管轄（家手117条1項），保佐開始審判については，被保佐人となるべき者の住所地を管轄する家庭裁判所の管轄（同128条1項），補助開始審判については，被補助人となるべき者の住所地を管轄する家庭裁判所の管轄（同136条1項）にそれぞれ属するものとされている。

民法22条は，各人の生活の本拠をその者の住所とすると定義している。管轄を定める際の住所地とは，通常，住民登録をしている場所を指していると考えてよい。ただし，介護施設に入所する必要があって，すでに転出しているものの，住民票を異動させないままとなっている場合（住所地特例として，住民票の異動後も従前の住所地の自治体による介護サービスを受けることができるため，住民票を異動させない取扱いは減少している。），居所をもって管轄を定めなければならない。

②　国際管轄

成年後見開始審判等の国際管轄については，旧法例時代からさまざまな議論があり，成年被後見人等の住所地管轄を原則とすべきか，国籍管轄を認めるべきか，財産所在地管轄も認めるべきかなどの論点が存在していた。

法の適用に関する通則法5条は，「裁判所は，成年被後見人，被保佐人又は被補助人となるべき者が日本に住所若しくは居所を有するとき又は日本の国籍を有するときは，日本法により，後見開始，保佐開始又は補助開始の審判（以下「後見開始の審判等」と総称する。）をすることができる。」と定め，住所地管轄と国籍管轄を認めており，財産所在地管轄は認めないこととしている。

成年後見に関する審判事件の国際裁判管轄については，家事事件手続法を改正して新たに規律を設けるかどうか議論されたが，わが国の裁判所が外国の裁判所で後見開始の審判等を受けている場合にまで保護措置に関する管轄権を有するのは広すぎるとの批判を受けて，家事事件手続法への明文化は避けられた。したがって，成年後見開始審判等の取消しの審判事件や保護措置に関する審判事件の国際裁判管轄については，明文規定は何もないこととなり，すべて解釈に委ねられることとなった。

4 申立ての資料

⑴ 申立書

申立書は，各家庭裁判所において作成された書式が用いられていたが，令和2年4月から，全国の裁判所で統一の書式が用いられることが予定されている。この統一書式と参考資料の一部について，本書に引用させていただいているが，その一覧表は書式1に示したとおりである。新しい申立書式の内容については，資料1（後見・保佐・補助開始の審判の申立てについて）を参照されたい。令和2年4月から運用が開始される申立書は，書式2ないし11のとおりである。家事審判の申立ては，申立書を家庭裁判所に提出してしなければならない（家手49条1項）。また，申立書には，①当事者及び法定代理人，②申立ての趣旨及び理由を記載しなければならないこととされている（同条2項）。

⑵ 添付書類

成年後見開始審判等を申し立てる際には，さまざまな添付書類が要求されている。家事事件手続規則37条3項は，家事審判の申立人に対し，家庭裁判所は，「申立てに係る身分関係についての資料その他家事審判の手続の円滑な進行を図るために必要な資料の提出を求めることができる。」としている。

しかし，必要な資料や詳細な書類をすべて提出するとなると，それだけで成年後見開始審判等の申立てのハードルが著しく上がってしまう。申立ての時点で詳細な書面の提出が求められているのは，支援が必要な本人のために，できるだけ早期に適切な支援体制を構築するための措置であって，完全な書類が揃えられなければならないという趣旨ではないというべきである。

① 本人の戸籍謄本（全部事項証明書）
② 本人の住民票又は戸籍附票
③ 成年後見人等候補者の住民票又は戸籍附票
④ 後見登記がされていないことの証明書（３か月以内）
⑤ 本人の診断書（３か月以内）：書式 12
⑥ 本人情報シート写し：書式 13

⑶　申立ての費用

成年後見開始審判等の申立てに必要な費用には，まず，申立手数料がある。成年後見開始審判等は，家事事件手続法別表第一に掲げる事項であるから，その申立手数料は 800 円となる（民事訴訟費用等に関する法律別表第一の 15 項）。保佐開始又は補助開始の審判の際に，代理権や同意権を付与する審判を同時に申し立てる場合には，これらの申立てのそれぞれにつき申立手数料として 800 円が必要になる。

次に，審判の登記手数料は 2,600 円とされている（登記手数料令 14 条 1 項）。申立手数料及び登記手数料は収入印紙で納付するものとされている（民事訴訟費用等に関する法律 8 条，後見登記等に関する法律 11 条 2 項）。

申立ての際には，審判書の送達を含むさまざまな連絡用に郵便切手を納付しなければならない。郵便切手の金額と種類については，裁判所によって取扱いが異なる場合があるため，申立てをする裁判所に確認する必要がある。なお，成年後見開始審判等の手続終了後に使用しなかった郵便切手は申立人に返還されることになる。

そのほか，鑑定が必要な場合には，鑑定料が必要となる。

⑷　申立件数の推移

成年後見制度が施行された平成 12 年度以降の申立件数の推移は表１のとおりである。なお，表１及び第３章の表２は，最高裁判所事務総局家庭局が毎年公表している「成年後見関係事件の概況」から筆者が作成したものである。

平成 12 年度以降，申立件数は基本的に全般的な増加傾向にあったが，成年後見開始審判の申立件数は平成 24 年度以降は 2 万 8 千件前後で横ばい状況となっており，保佐開始及び補助開始の審判の申立件数は増加傾向にある。数字的には落ち着いてきたようにも見えるが，社会的ニーズが安定しているわけではなく，いわゆる“天井効果”なのかもしれないことに注意が必要である。しかも，本人死亡などで後見等が終了しない限り，事件数は累積していく傾向が顕著になっているといえよう。

表 1　申立件数の推移（平成 12 年度〜平成 15 年度までは，毎年 4 月から翌年 3 月までの申立件数。平成 16 年度以降は毎年 1 月から 12 月までの申立件数）

	後見	保佐	補助	任意後見監督人選任
2000 (H12) 年度	7,451	884	621	51
2001 (H13) 年度	9,297	1,043	645	103
2002 (H14) 年度	12,746	1,521	737	147
2003 (H15) 年度	14,462	1,627	805	192
2004 (H16) 年度	14,485	1,634	790	220
2005 (H17) 年度	17,022	1,890	925	287
2006 (H18) 年度	28,887	1,998	889	351
2007 (H19) 年度	21,151	2,235	916	425
2008 (H20) 年度	22,532	2,539	947	441
2009 (H21) 年度	22,983	2,837	1,043	534
2010 (H22) 年度	24,905	3,375	1,197	602
2011 (H23) 年度	25,905	3,708	1,144	645
2012 (H24) 年度	28,472	4,268	1,264	685
2013 (H25) 年度	28,040	4,510	1,282	716
2014 (H26) 年度	27,515	4,806	1,314	738
2015 (H27) 年度	27,521	5,085	1,360	816
2016 (H28) 年度	26,836	5,325	1,297	791
2017 (H29) 年度	27,798	5,758	1,377	804
2018 (H30) 年度	27,989	6,297	1,499	764

そうだとすると，今後の視点としては，成年後見制度の受皿をどのようにして確保するかという課題と受皿を増やすことによって発生してくる危険性のある不祥事にどう対処するかという課題とに同時並行的に対応していかなければならない。これは，二律背反の課題ともなりうる。不祥事を恐れれば，受皿の範囲は狭くなり，受皿を広げていくと，不祥事に目が届かないという事態も生じうるからである。

5　申立ての取下げ

従来の家事審判法には，申立ての取下げに関する規定はなく，職権による成年後見開始審判等が認められていないことなどを理由として，申立人による取下げは，取下げ自体が権利濫用等に該当しない以上，認められるものとされていた。しかし，成年後見開始審判等の申立てがなされ，成年後見人候補者等を提出しても，候補者等と別な第三者が成年後見人に選任されそうになった場合に申立て自体を取り下げることが行われていた。

第三者が成年後見人に選任されそうになっているということは，本人にとって成年後見人を選任して支援すべきニーズが存在しているということであるにもかかわらず，申立人の判断で取下げて支援手続を打ち切ることは望ましいことではない。また，本人の財産に関して経済的搾取を行っている近親者が成年後見開始審判等の申立てを行い，自己が成年後見人に選任されないことが判明したとたんに取り下げることを認めてしまうと，本人に対する経済的搾取の事実をもっと隠蔽することになってしまう。

したがって，従来は，自己の経済的搾取を隠蔽するかのような成年後見開始審判等の申立て（注：平成 11 年の民法改正以前は，禁治産宣告等の申立て）がなされ，選任される成年後見人等の目星がついた時点で申立てが取り下げられそうになった場合，当該申立人以外の四親等内の親族を探して，取下げが受理されてしまう前に，重ねて申立てをしてもらうことによって，上記のような弊害に対処していた（そうでない限り，当該申立てに基づいてなされた精神鑑定等の資料が使えなくなってしまい，改めて精神鑑定等を行わなければならなくなってしまうこととなる。)。

そこで家事事件手続法は，明文規定を設けることとし，後見開始の申立ては，家庭裁判所の許可を得なければ取り下げることはできないとした（家手121条1号。保佐の場合は同133条で，補助の場合は同142条で同121条が準用されている。)。そして，家事事件手続規則78条1項では，申立ての取下げをするときは，取下げの理由を明らかにするものとしている。

後見等開始申立書等に関する統一書式等一覧

1　統一書式

①　後見・保佐・補助開始等申立書：書式２

②　代理行為目録【保佐・補助用】：書式３

③　同意行為目録【補助用】：書式４

④　申立事情説明書：書式５

⑤　親族関係図：書式６

⑥　親族の意見書：書式７

⑦　後見人等候補者事情説明書：書式８

⑧　財産目録：書式９

⑨　相続財産目録：書式 10

⑩　収支予定表：書式 11

⑪　診断書書式：書式 12

⑫　本人情報シート：書式 13

2　参考資料

①　後見・保佐・補助開始の審判の申立てについて：資料１

②　申立書（後見）の記載例：資料２

③　申立書（保佐）の記載例：資料３

④　申立書（補助）の記載例：資料４

⑤　同意書（保佐用）：資料５

⑥　同意書（補助用）：資料６

⑦　親族の意見書の記載例と説明：資料７

申立後は，家庭裁判所の許可を得なければ申立てを取り下げることはできません。

受付印	（ □後見 □保佐 □補助 ）開始等申立書 ※ 該当するいずれかの部分の□にレ点（チェック）を付してください。
	※ 収入印紙（申立費用）をここに貼ってください。 後見又は保佐開始のときは，８００円分 保佐又は補助開始＋代理権付与又は同意権付与のときは，１，６００円分 保佐又は補助開始＋代理権付与＋同意権付与のときは，２，４００円分 【注意】貼った収入印紙に押印・消印はしないでください。 収入印紙（登記費用）２，６００円分はここに貼らないでください。
収入印紙（申立費用） 円 収入印紙（登記費用） 円 予納郵便切手 円	準口頭 ｜ 関連事件番号 年（家 ）第 号

家庭裁判所 支部・出張所 御中 令和 年 月 日	申立人又は同手続 代理人の記名押印	印

申立人	住所	〒 － 電話 （ ） 携帯電話 （ ）	
	ふりがな 氏名		□ 大正 □ 昭和 年 月 日生 □ 平成 （ 歳）
	本人との関係	□ 本人 □ 配偶者 □ 親 □ 子 □ 孫 □ 兄弟姉妹 □ 甥姪 □ その他の親族（関係： ） □ 市区町村長 □ その他（ ）	
手続代理人	住所 （事務所等）	〒 － 電話 （ ） 携帯電話 （ ）	
	氏名		
本人	本籍 （国籍）	都道 府県	
	住民票上の住所	□ 申立人と同じ 〒 － 電話 （ ）	
	実際に住んでいる場所	□ 住民票上の住所と同じ 〒 － ※ 病院や施設の場合は，所在地，名称，連絡先を記載してください。 病院・施設名（ ） 電話 （ ）	
	ふりがな 氏名		□ 大正 □ 昭和 年 月 日生 □ 平成 （ 歳）

申　立　て　の　趣　旨

※　該当する部分の□にレ点（チェック）を付してください。

□　本人について**後見**を開始するとの審判を求める。

□　本人について**保佐**を開始するとの審判を求める。

※　以下は，必要とする場合に限り，該当する部分の□にレ点（チェック）を付してください。なお，保佐開始申立ての場合，民法１３条１項に規定されている行為については，同意権付与の申立ての必要はありません。

□　本人のために**別紙代理行為目録記載**の行為について保佐人に**代理権**を付与するとの審判を求める。

□　本人が民法１３条１項に規定されている行為のほかに，下記の行為（日用品の購入その他日常生活に関する行為を除く。）をするにも，保佐人の**同意**を得なければならないとの審判を求める。

記

□　本人について**補助**を開始するとの審判を求める。

※　以下は，少なくとも１つは，該当する部分の□にレ点（チェック）を付してください。

□　本人のために**別紙代理行為目録記載**の行為について補助人に**代理権**を付与するとの審判を求める。

□　本人が**別紙同意行為目録**記載の行為（日用品の購入その他日常生活に関する行為を除く。）をするには，補助人の**同意**を得なければならないとの審判を求める。

申　立　て　の　理　由

※　該当する部分の□にレ点（チェック）を付すとともに，具体的な事情を記載してください。

本人は，

□　預貯金等の管理・解約　□　保険金受取　□　不動産の管理・処分　□　相続手続
□　訴訟手続等　□　介護保険契約　□　身上監護（福祉施設入所契約等）
□　その他（　　　　　　　　）

の必要があるが，

□　認知症　□　統合失調症　□　知的障害　□　高次脳機能障害
□　遷延性意識障害　□　その他（　　　　　　　　）

により判断能力が欠けているのが通常の状態又は判断能力が（著しく）不十分である。

※　具体的な事情を記載してください。書ききれない場合は別紙を利用してください。

成年後見人等候補者	□ 家庭裁判所に一任　※　以下この欄の記載は不要 □ 申立人　※　申立人のみが候補者の場合は，以下この欄の記載は不要 □ 申立人以外の〔 □ 以下に記載の者　□ 別紙に記載の者 〕		
	住　所	〒　　－ 電話　　（　　）　　携帯電話　　（　　）	
	ふりがな 氏　名		□ 昭和 　　年　月　日生 □ 平成　　（　　歳）
	本人との関係	□ 親　族：□ 配偶者　□ 親　□ 子　□ 孫　□ 兄弟姉妹 　　　　　□ 甥姪　□ その他（関係：　　） □ 親族外：（職業：　　）	

手続費用の上申
□　手続費用については，本人の負担とすることを希望する。 ※　手続費用は申立人の負担が原則です。ただし，申立手数料，送達・送付費用，後見登記手数料，鑑定費用については，この上申に基づき，これらの全部又は一部について，本人の負担とできる場合があります。 ※　本欄に記載した場合でも，必ずしも希望どおり認められるとは限りません。

添付書類	※　同じ書類は本人１人につき１通で足ります。審理のために必要な場合は，追加書類の提出をお願いすることがあります。 **※　個人番号（マイナンバー）が記載されている書類は提出しないようにご注意ください。** □　本人の戸籍謄本（全部事項証明書） □　本人の住民票又は戸籍附票 □　成年後見人等候補者の住民票又は戸籍附票 （成年後見人等候補者が法人の場合には，当該法人の商業登記簿謄本（登記事項証明書）） □　本人の診断書 □　本人情報シート写し □　本人の健康状態に関する資料 □　本人の成年被後見人等の登記がされていないことの証明書 □　本人の財産に関する資料 □　本人の収支に関する資料 □（保佐又は補助開始の申立てにおいて同意権付与又は代理権付与を求める場合）同意権，代理権を要する行為に関する資料（契約書写しなど）

※　太わくの中だけ記載してください。
※　該当する部分の□にレ点（チェック）を付してください。

（別紙）

【保佐，補助用】

代　理　行　為　目　録

※　下記の行為のうち，必要な代理行為に限り，該当する部分の□にチェック又は必要な事項を記載してください（包括的な代理権の付与は認められません。）。

※　内容は，本人の同意を踏まえた上で，最終的に家庭裁判所が判断します。

１　財産管理関係

(1)　不動産関係

□　①　本人の不動産に関する〔□ 売却　□ 担保権設定　□ 賃貸　□ 警備　□________〕契約の締結，更新，変更及び解除

□　②　他人の不動産に関する〔□ 購入　□ 借地　□ 借家〕契約の締結，更新，変更及び解除

□　③　住居等の〔□ 新築　□ 増改築　□ 修繕（樹木の伐採等を含む。）　□ 解体　□ ________〕に関する請負契約の締結，変更及び解除

□　④　本人又は他人の不動産内に存する本人の動産の処分

□　⑤　____________________

(2)　預貯金等金融関係

□　①　預貯金及び出資金に関する金融機関等との一切の取引（解約（脱退）及び新規口座の開設を含む。）

※　一部の口座に限定した代理権の付与を求める場合には，③に記載してください。

□　②　預貯金及び出資金以外の本人と金融機関との取引
〔□ 貸金庫取引　□ 証券取引　□ 保護預かり取引　□ 為替取引　□ 信託取引
□ ________〕

□　③　____________________

(3)　保険に関する事項

□　①　保険契約の締結，変更及び解除

□　②　保険金及び賠償金の請求及び受領

(4)　その他

□　①　定期的な収入の受領及びこれに関する諸手続
〔□ 家賃，地代　□ 年金・障害手当その他の社会保障給付
□ 臨時給付金その他の公的給付　□ 配当金　□ ________〕

□　②　定期的な支出及びこれに関する諸手続
〔□ 家賃，地代　□ 公共料金　□ 保険料　□ ローンの返済金　□ 管理費等
□ 公租公課　□ ________〕

□　③　情報通信（携帯電話，インターネット等）に関する契約の締結，変更，解除及び費用の支払

□　④　本人の負担している債務に関する弁済合意及び債務の弁済（そのための交渉を含む。）

□　⑤　本人が現に有する債権の回収（そのための交渉を含む。）

□　⑥　____________________

1

2 相続関係

※ 審判手続，調停手続及び訴訟手続が必要な方は，４⑤又は⑥についても検討してください。

□ ① 相続の承認又は放棄

□ ② 贈与又は遺贈の受諾

□ ③ 遺産分割又は単独相続に関する諸手続

□ ④ 遺留分減殺請求【又は遺留分侵害額請求 *（令和元年７月１日施行）*】に関する諸手続

□ ⑤ ＿＿＿＿＿＿＿＿＿＿＿＿＿＿＿＿＿＿＿＿＿＿＿＿＿＿＿＿＿＿＿＿

3 身上監護関係

□ ① 介護契約その他の福祉サービス契約の締結，変更，解除及び費用の支払並びに還付金等の受領

□ ② 介護保険，要介護認定，障害支援区分認定，健康保険等の各申請（各種給付金及び還付金の申請を含む。）及びこれらの認定に関する不服申立て

□ ③ 福祉関係施設への入所に関する契約（有料老人ホームの入居契約等を含む。）の締結・変更・解除及び費用の支払並びに還付金等の受領

□ ④ 医療契約及び病院への入院に関する契約の締結，変更，解除及び費用の支払並びに還付金等の受領

□ ⑤ ＿＿＿＿＿＿＿＿＿＿＿＿＿＿＿＿＿＿＿＿＿＿＿＿＿＿＿＿＿＿＿＿

4 その他

□ ① 税金の申告，納付，更正，還付及びこれらに関する諸手続

□ ② 登記・登録の申請

□ ③ 個人番号（マイナンバー）に関する諸手続

□ ④ 住民票の異動に関する手続

□ ⑤ 家事審判手続，家事調停手続（家事事件手続法２４条２項の特別委任事項を含む。），訴訟手続（民事訴訟法５５条２項の特別委任事項を含む。），民事調停手続（非訟事件手続法２３条２項の特別委任事項を含む。）及び破産手続（免責手続を含む。）

※ 保佐人又は補助人が上記各手続について手続代理人又は訴訟代理人となる資格を有する者であるときに限ります。

□ ⑥ ⑤の各手続について，手続代理人又は訴訟代理人となる資格を有する者に委任をすること

□ ⑦ ＿＿＿＿＿＿＿＿＿＿＿＿＿＿＿＿＿＿＿＿＿＿＿＿＿＿＿＿＿＿＿＿

5 関連手続

□ ① 以上の各事務の処理に必要な費用の支払

□ ② 以上の各事務に関連する一切の事項（戸籍謄抄本・住民票の交付請求，公的な届出，手続等を含む。）

（別紙）

【補助用】

同　意　行　為　目　録

（民法１３条１項各号所定の行為）

※　下記の行為（日用品の購入その他日常生活に関する行為を除く。）のうち，必要な同意行為に限り，該当する部分の□にチェックを付してください。

※　保佐の場合には，以下の１から１０までに記載の事項については，一律に同意権・取消権が付与されますので，同意権付与の申立てをする場合であっても本目録の作成は不要です。

※　内容は，本人の同意を踏まえた上で，最終的に家庭裁判所が判断します。

１　元本の領収又は利用*（１号）*のうち，以下の行為

□　⑴　預貯金の払戻し

□　⑵　債務弁済の受領

□　⑶　金銭の利息付貸付け

２　借財又は保証*（２号）*のうち，以下の行為

□　⑴　金銭消費貸借契約の締結

※　貸付けについては１⑶又は３⑺を検討してください。

□　⑵　債務保証契約の締結

３　不動産その他重要な財産に関する権利の得喪を目的とする行為*（３号）*のうち，以下の行為

□　⑴　本人の所有の土地又は建物の売却

□　⑵　本人の所有の土地又は建物についての抵当権の設定

□　⑶　贈与又は寄附行為

□　⑷　商品取引又は証券取引

□　⑸　通信販売（インターネット取引を含む。）又は訪問販売による契約の締結

□　⑹　クレジット契約の締結

□　⑺　金銭の無利息貸付け

□　⑻　その他　*※　具体的に記載してください。*

____

４　□　訴訟行為*（４号）*

※　相手方の提起した訴え又は上訴に対して応訴するには同意を要しません。

５　□　贈与，和解又は仲裁合意*（５号）*

6 □ 相続の承認若しくは放棄又は遺産分割 *（6号）*

7 □ 贈与の申込みの拒絶，遺贈の放棄，負担付贈与の申込みの承諾又は負担付遺贈の承認 *（7号）*

8 □ 新築，改築，増築又は大修繕 *（8号）*

9 □ 民法６０２条（短期賃貸借）に定める期間を超える賃貸借 *（9号）*

10 □ 前各号に掲げる行為を制限行為能力者（未成年者，成年被後見人，被保佐人及び民法１７条１項の審判を受けた被補助人をいう。）の法定代理人としてすること *（10号）*
【令和2年4月1日施行】

11 □ *その他　※　具体的に記載してください。*
※　民法１３条１項各号所定の行為の一部である必要があります。

申 立 事 情 説 明 書

※　申立人（申立人が記載できないときは，本人の事情をよく理解している方）が記載してください。
※　記入式の質問には，自由に記載してください。選択式の質問には，該当する部分の□にチェックを付してください。

令和　　年　　月　　日

作成者の氏名　　　　　　　　　　　　　　　　　　印
（作成者が申立人以外の場合は，本人との関係：　　　　　）

作成者（申立人を含む。）の住所
□　申立書の申立人欄記載のとおり
□　次のとおり
〒　　－
住所：

裁判所からの電話での連絡について
平日（午前９時～午後５時）の連絡先：電話　　　（　　　）
（□携帯・□自宅・□勤務先）

・　裁判所名で電話することに支障がありますか。　□電話してもよい・□差し支える
・　裁判所から連絡するに当たり留意すべきこと（電話することに支障がある時間帯等）があれば記載してください。

【本人の状況について】

1　本人の生活場所について

(1)　現在の生活場所について

□　自宅又は親族宅
同居者　→　□　なし（１人暮らし）
□　あり（※　同居している方の氏名・本人との続柄を記載してください。）
（氏名：＿＿＿＿　本人との続柄：＿＿＿＿　）
（氏名：＿＿＿＿　本人との続柄：＿＿＿＿　）
（氏名：＿＿＿＿　本人との続柄：＿＿＿＿　）
最寄りの公共交通機関（※　わかる範囲で記載してください。）
（電車）最寄りの駅：＿＿＿＿線＿＿＿＿駅
（バス）最寄りのバス停：＿＿＿＿バス（＿＿＿＿行き）＿＿＿＿下車

□　病院又は施設（入院又は入所の日：昭和・平成・令和　　年　　月　　日）
名　称：
所在地：〒＿＿＿－＿＿＿＿

担当職員：氏名：＿＿＿＿＿＿　役職：＿＿＿＿＿＿
連絡先：電話＿＿＿＿（　　　）＿＿＿＿
最寄りの公共交通機関（※　わかる範囲で記載してください。）

（電車）最寄りの駅：＿＿＿＿＿線＿＿＿＿＿駅
（バス）最寄りのバス停：＿＿＿＿バス（＿＿＿＿＿行き）＿＿＿＿＿＿下車

(2) 転居，施設への入所や転院などの予定について
※ 申立後に転居・入院・転院した場合には，速やかに家庭裁判所までお知らせください。
□ 予定はない。
□ 予定がある。（□ 転居　□ 施設への入所　□ 転院）
時期：令和　　年　　月ころ
施設・病院等の名称：＿＿＿＿＿＿＿＿＿＿＿＿
転居先，施設・病院等の所在地：〒＿＿＿－＿＿＿＿
＿＿＿＿＿＿＿＿＿＿＿＿＿＿＿＿＿＿＿＿＿＿＿＿

2 本人の略歴（家族関係（結婚，出産など）及び最終学歴・主な職歴）をわかる範囲で記載してください。

年月日	家族関係	年月日	最終学歴・主な職歴
・　・	出生（　人きょうだいの　番目）	・　・	
・　・		・　・	
・　・		・　・	
・　・		・　・	
・　・		・　・	

3 本人の病歴（病名，発症時期，通院歴，入院歴）をわかる範囲で記載してください。

病　　名：＿＿＿＿＿＿＿＿＿＿＿
発症時期：　　　年　　月ころ
通 院 歴：　　　年　　月ころ　～　　　年　　月ころ
入 院 歴：　　　年　　月ころ　～　　　年　　月ころ

病　　名：＿＿＿＿＿＿＿＿＿＿＿
発症時期：　　　年　　月ころ
通 院 歴：　　　年　　月ころ　～　　　年　　月ころ
入 院 歴：　　　年　　月ころ　～　　　年　　月ころ

4 福祉に関する認定の有無等について
※ 当てはまる数字を○で囲んでください。
※ 認定資料の写しを添付してください。
□ 介護認定　（認定日：　　　　年　　　月）
　□ 要支援（1・2）　□ 要介護（1・2・3・4・5）
　□ 非該当　□ 認定手続中
□ 障害支援区分（認定日：　　　　年　　　月）
　□ 区分（1・2・3・4・5・6）　□ 非該当　□ 認定手続中

□　療育手帳（愛の手帳など）　（手帳の名称　　　　　　）（判定　　　　　）
□　精神障害者保健福祉手帳　（１・２・３　級）
□　身体障害者手帳　（１・２・３・４・５・６　級）
□　いずれもない。

5　本人の日常・社会生活の状況について

□　本人情報シート写しを提出する。
※　以下の⑴から⑹までの記載は不要です。
□　本人情報シート写しを提出しない。
※　以下の⑴から⑹までについて，わかる範囲で記載してください。

⑴　身体機能・生活機能について

ア　食事，入浴，着替え，移動等の日常生活に関する支援の要否を記載してください。なお，自宅改修や福祉器具等を利用することで他者の支援なく日常生活を営むことができている場合には，「支援の必要はない。」にチェックを付してください。

□　支援の必要はない。
□　一部について支援が必要である。
※　必要な支援について具体的に記載してください。

____

□　全面的に支援が必要である。

イ　今後，支援等に関する体制の変更や追加的対応が必要な場合は，その内容等を記載してください。

____

____

⑵　認知機能について

日によって変動することがあるか：□　あり　□　なし
※　「あり」の場合は，良い状態を念頭に以下のアからエまでにチェックを付してください。

ア　日常的な行為に関する意思の伝達について
※　「日常的な行為」は，食事，入浴等の日課や来訪する福祉サービス提供者への対応など，普段の本人の生活環境の中で行われるものを想定してください。

□　意思を他者に伝達できる。
（日常生活上問題ない程度に自らの意思を伝達できる。）
□　伝達できない場合がある。
（正確な意思を伝えることができずに日常生活上問題を生じることがある。）
□　ほとんど伝達できない。
（空腹である，眠いなどごく単純な意思を伝えることはできるが，それ以外の意思については伝えることができない。）
□　できない。
（ごく単純な意思も伝えることができない。）

イ　日常的な行為に関する理解について

□　理解できる。
（起床・就寝の時刻や，食事の内容等について回答することができる。）
□　理解できない場合がある。
（上記の点について，回答できるときとできないときがある。）

書式５：申立事情説明書

□　ほとんど理解できない。
（上記の点について，回答できないことが多い。）
□　理解できない。
（上記の点について，基本的に回答することができない。）

ウ　日常的な行為に関する短期的な記憶について
□　記憶できる。
（直前にしていたことや示したものなどを正しく回答できる。）
□　記憶していない場合がある。
（上記の点について，回答できるときとできないときがある。）
□　ほとんど記憶できない。
（上記の点について，回答できないことが多い。）
□　記憶できない。
（上記の点について，基本的に回答することができない。）

エ　本人が家族等を認識できているかについて
□　正しく認識している。
（日常的に顔を合わせていない家族又は友人等についても会えば正しく認識できる。）
□　認識できていないところがある。
（日常的に顔を合わせている家族又は友人等は基本的に認識できるが，それ以外は難しい。）
□　ほとんど認識できていない。
（日常的に顔を合わせている家族又は友人等と会っても認識できないことが多い。）
□　認識できていない。
（日常的に顔を合わせている家族又は友人・知人と会っても基本的に認識できない。）

(3)　日常・社会生活上支障となる精神・行動障害について
※　「精神・行動障害」とは，外出すると戻れない，物を壊す，衣類を破る，大声・奇声を出すなど，社会生活上，場面や目的からみて不適当な行動のことをいいます。
□　支障となる行動はない。　　□　支障となる行動はほとんどない。
□　支障となる行動がときどきある。　□　支障となる行動がある。
※　支障となる行動の具体的内容及び頻度等を記載するとともに，当該行動について支援が必要な場合は，その支援の具体的内容を併せて記載してください。

____

____

____

(4)　社会・地域との交流頻度について
ア　家族・友人との交流，介護サービスの利用，買い物，趣味活動等によって，本人が日常的にどの程度，社会・地域と接点を有しているかについて，その交流する頻度を回答してください。
□　週１回以上　　□　月１回以上　　□　月１回未満

イ　交流内容について具体的に記載してください。

____

____

(5)　日常の意思決定について

※　「日常の意思決定」とは，毎日の暮らしにおける活動に関する意思決定のことをいいます。

□　できる。

（毎日の暮らしにおける活動に関して，あらゆる場面で意思決定できる。）

□　特別な場合を除いてできる。

（テレビ番組や献立，服の選択等については意思決定できるが，治療方針等や居住環境の変更の決定は指示・支援を必要とする。）

□　日常的に困難である。

（テレビ番組や献立，服の選択等についてであれば意思決定できることがある。）

□　できない。

（意思決定が全くできない，あるいは意思決定できるかどうか分からない。）

(6)　金銭の管理について

※　「金銭の管理」とは，所持金の支出入の把握，管理，計算等を指します。

□　本人が管理している。

（多額の財産や有価証券等についても，本人が全て管理している。）

□　親族又は第三者の支援を受けて本人が管理している。

（通帳を預かってもらいながら，本人が自らの生活費等を管理している。）

□　親族又は第三者が管理している。

（本人の日々の生活費も含めて第三者等が支払等をして管理している。）

※　支援（管理）を受けている場合には，その内容・支援者（管理者）の氏名等を記載してください。

____

____

____

【申立ての事情について】

1　本人について，これまで家庭裁判所の成年後見制度の手続を利用されたり，どなたかとの間で任意後見契約を締結したことがありますか。

□　なし

□　あり　→　＿＿＿＿＿年＿＿＿月ころ

□　家庭裁判所の成年後見制度の手続を利用したことがある。

利用した裁判所：　＿＿＿＿＿家庭裁判所＿＿＿＿＿支部・出張所

事件番号：＿＿＿＿＿＿年（家）第＿＿＿＿＿号

□ 後見開始　□ 保佐開始　□ 補助開始　□ その他（　　　　　）

申立人氏名：＿＿＿＿＿＿＿＿

□　任意後見契約を締結したことがある。

公正証書を作成した公証人の所属：＿＿＿＿＿法務局

証書番号：＿＿＿＿＿年第＿＿＿＿＿号

証書作成年月日：＿＿＿＿年＿＿＿月＿＿＿日

登記番号：第＿＿＿＿－＿＿＿＿号
任意後見受任者氏名：＿＿＿＿＿＿＿＿＿

2　本人には，今回の手続をすることを知らせていますか。
※　本人が申立人の場合は記載不要です。

□　申立てをすることを説明しており，知っている。
　申立てについての本人の意見　□　賛成　□　反対　□　不明
　後見人等候補者についての本人の意見　□　賛成　□　反対　□　不明
□　申立てをすることを説明したが，理解できていない。
□　申立てをすることを説明しておらず，知らない。
□　その他
（上記チェックボックスを選択した理由や背景事情等）

＿＿＿＿＿＿＿＿＿＿＿＿＿＿＿＿＿＿＿＿＿＿＿＿

＿＿＿＿＿＿＿＿＿＿＿＿＿＿＿＿＿＿＿＿＿＿＿＿

3　本人の親族

(1)　本人の推定相続人について氏名，住所等を記載してください。
※　欄が不足する場合は，別紙に記載してください。
※　推定相続人とは，仮に本人が亡くなられた場合に相続人となる方々です。具体的には，「親族の意見書について」の２をご参照ください。
※　「意見１」欄にはこの申立てに関するその方の意見について，「意見２」欄には後見人等候補者に関するその方の意見について，該当する部分の□にそれぞれチェックを付してください。（「一任」とは，家庭裁判所の判断に委ねることを指します。）

氏　名	年齢	続柄	住　所	意見１	意見２
			〒 □　親族の意見書記載のとおり □　本人と同じ	□　賛成 □　反対 □　一任 □　不明	□　賛成 □　反対 □　一任 □　不明
			〒 □　親族の意見書記載のとおり □　本人と同じ	□　賛成 □　反対 □　一任 □　不明	□　賛成 □　反対 □　一任 □　不明
			〒 □　親族の意見書記載のとおり □　本人と同じ	□　賛成 □　反対 □　一任 □　不明	□　賛成 □　反対 □　一任 □　不明
			〒 □　親族の意見書記載のとおり □　本人と同じ	□　賛成 □　反対 □　一任 □　不明	□　賛成 □　反対 □　一任 □　不明
			〒 □　親族の意見書記載のとおり □　本人と同じ	□　賛成 □　反対 □　一任 □　不明	□　賛成 □　反対 □　一任 □　不明
			〒 □　親族の意見書記載のとおり □　本人と同じ	□　賛成 □　反対 □　一任 □　不明	□　賛成 □　反対 □　一任 □　不明

			〒 □　親族の意見書記載のとおり □　本人と同じ	□　賛成 □　反対 □　一任 □　不明	□　賛成 □　反対 □　一任 □　不明
			〒 □　親族の意見書記載のとおり □　本人と同じ	□　賛成 □　反対 □　一任 □　不明	□　賛成 □　反対 □　一任 □　不明

(2)　(1)で挙げた方のうち，この申立てに反対の意向を示している方や意向が不明な方，親族の意見書を提出していない方がいる場合には，その方の氏名及びその理由等を具体的に記載してください。

氏　　名	理由等
	□　親族の意見書記載のとおり
	□　親族の意見書記載のとおり
	□　親族の意見書記載のとおり
	□　親族の意見書記載のとおり
	□　親族の意見書記載のとおり

４　本人に関し何らかの相談をし又は何らかの援助を受けた福祉機関があれば，チェックを付して，その名称を記載してください。

□　地域包括支援センター（名称：　　　　　　　　　　　　）
□　権利擁護センター　　（名称：　　　　　　　　　　　　）
□　社会福祉協議会　　　（名称：　　　　　　　　　　　　）
□　その他　　　　　　　（名称：　　　　　　　　　　　　）
□　相談をし又は援助を受けた福祉機関はない。

５　成年後見人等候補者がいる場合は，その方が後見人等にふさわしい理由を記載してください。
※　候補者がおらず，家庭裁判所が選任する第三者（弁護士などの専門家）を希望する場合は，その事情や理由を記載してください。
※　家庭裁判所の判断により，候補者以外の方を成年後見人等に選任する場合があります。

6　家庭裁判所まで本人が来ることは可能ですか。

□ 可能である。

□ 不可能又は困難である。

理由：＿＿＿＿＿＿＿＿＿＿＿＿＿＿＿＿＿＿＿＿＿＿＿＿＿＿＿＿

7　本人に申立ての事情等をお伺いする場合の留意点（本人の精神面に関し配慮すべき事項等）があれば記載してください。

＿＿＿＿＿＿＿＿＿＿＿＿＿＿＿＿＿＿＿＿＿＿＿＿＿＿＿＿＿＿

＿＿＿＿＿＿＿＿＿＿＿＿＿＿＿＿＿＿＿＿＿＿＿＿＿＿＿＿＿＿

＿＿＿＿＿＿＿＿＿＿＿＿＿＿＿＿＿＿＿＿＿＿＿＿＿＿＿＿＿＿

＿＿＿＿＿＿＿＿＿＿＿＿＿＿＿＿＿＿＿＿＿＿＿＿＿＿＿＿＿＿

親　族　関　係　図

※　申立人及び成年後見人等候補者を必ず記載してください。
※　本人の推定相続人その他の親族については，わかる範囲で記載してください。

（推定相続人とは，仮に本人が亡くなられた場合に相続人となる方々です。
具体的には，「親族の意見書について」の2をご参照ください。）

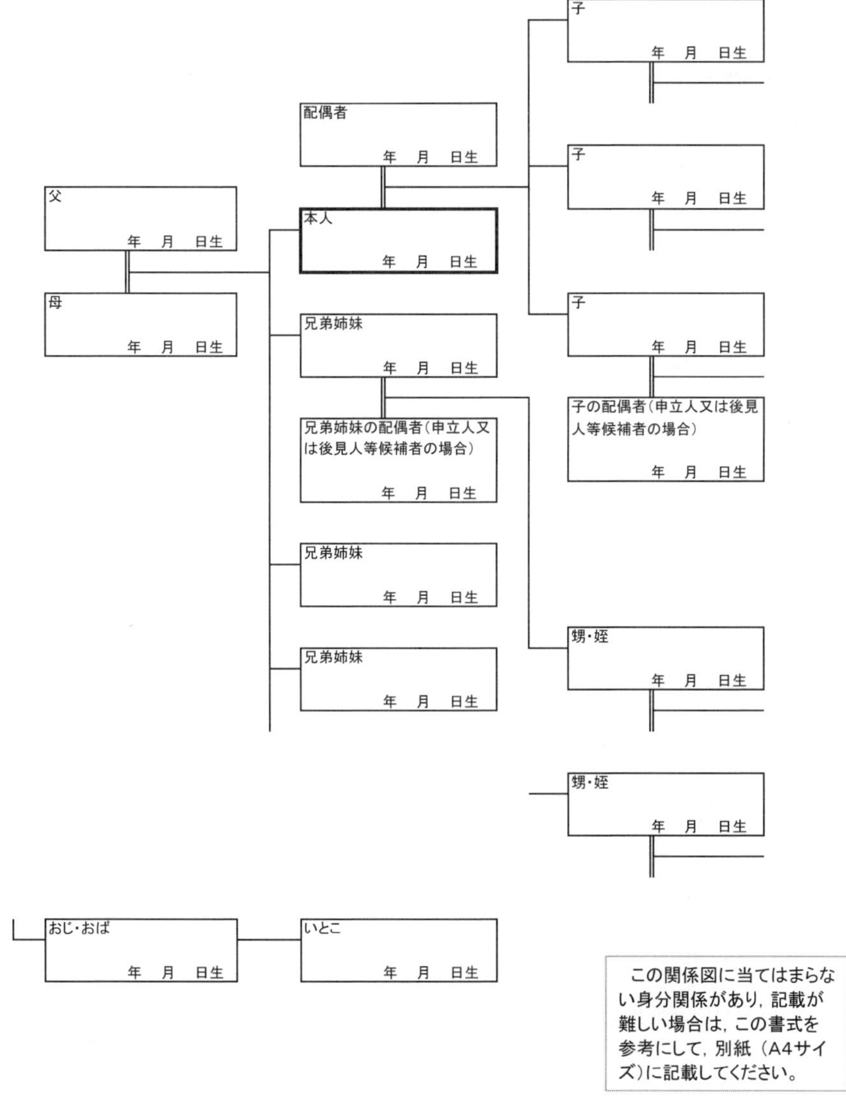

この関係図に当てはまらない身分関係があり，記載が難しい場合は，この書式を参考にして，別紙（A4サイズ）に記載してください。

親族の意見書

1　私は，本人（氏名＿＿＿＿＿＿＿＿＿＿＿＿）の（続柄＿＿＿＿＿＿＿＿）です。

2　本人について後見（保佐・補助）を開始することに関する私の意見は以下のとおりです。

☐　賛成である。

☐　家庭裁判所の判断に委ねる。

☐　反対である。
【反対の理由】
☐　後見（保佐・補助）を開始するほど判断能力は低下していない。

☐　理由は次のとおりである。（※　書き切れない場合には別紙を利用してください。）

＿＿＿＿＿＿＿＿＿＿＿＿＿＿＿＿＿＿＿＿＿＿＿＿＿＿＿＿＿＿

3　本人の成年後見人（保佐人・補助人）の選任に関する私の意見は以下のとおりです。

候補者氏名（＿＿＿＿＿＿＿＿＿＿）が選任されることについて
（候補者がいない場合には，家庭裁判所が選ぶ第三者が選任されることについて）
※　候補者氏名については申立人が記入してください。

☐　賛成である。

☐　家庭裁判所の判断に委ねる。

☐　反対である。又は意見がある。
理由は次のとおりである。（※　書き切れない場合には別紙を利用してください。）

＿＿＿＿＿＿＿＿＿＿＿＿＿＿＿＿＿＿＿＿＿＿＿＿＿＿＿＿＿＿

令和　　　年　　　月　　　日

（〒　　　－　　　　）

住　所＿＿＿＿＿＿＿＿＿＿＿＿＿＿＿＿＿＿＿＿＿＿＿＿

氏　名＿＿＿＿＿＿＿＿＿＿＿＿＿＿＿＿印

平日（午前９時～午後５時）の連絡先：電話　　　　（　　　）
（☐携帯　☐自宅　☐勤務先）

後見人等候補者事情説明書

※　候補者の方が記載してください。
※　候補者の方がいない場合は提出は不要です。
※　記入式の質問には，自由に記入してください。選択式の質問には，該当する部分の□にチェックを付してください。

令和　　年　　月　　日

候補者の氏名　　　　　　　　　　　　　　　印

候補者の住所
□　申立書の成年後見人等候補者欄に記載のとおり
□　次のとおり
〒＿＿－＿＿＿
住所：＿＿＿＿＿＿＿＿

裁判所からの電話での連絡について
平日（午前９時～午後５時）の連絡先：電話　　　（　　　　）
（□携帯・□自宅・□勤務先）

・　裁判所名で電話することに支障がありますか。　□電話してもよい・□差し支える
・　裁判所から連絡するに当たり留意すべきこと（電話することに支障がある時間帯等）があれば記載してください。

＿＿＿＿＿＿＿＿＿＿＿＿＿＿＿＿

１　あなたの現在の生活状況，健康状態，経歴など

(1)　職業
（職種:＿＿＿＿　勤務先名:＿＿＿＿＿　勤務先での役職:＿＿＿＿＿　）

(2)　収入（年収）（＿＿＿＿＿＿）円
負債（借金）
□　住宅ローン（＿＿＿＿＿＿）円
□　自動車ローン（＿＿＿＿＿＿）円
□　消費者金融（＿＿＿＿＿＿）円
□　その他（内容：　　　　　　　）（金額：＿＿＿＿＿＿円）

(3)　あなたと同居している方を記載してください。

氏　名	年　齢	続　柄	職業

(4)　生計を立てている方（複数選択可）
　□　あなた　□　あなた以外（あなたとの続柄　　　　　）
(5)　あなたの最近の健康状態
　□　普通の健康体である。
　□　具合が悪い。（具体的な症状：＿＿＿＿＿＿＿＿＿＿）
　□　通院治療中である。
　　（病名：＿＿＿＿＿＿　通院の頻度：（　　）か月に（　　）回程度）
(6)　あなたの経歴（最終学歴・主な職歴）について書いてください。

年月日	経　　歴	年月日	経　　歴
・　・		・　・	
・　・		・　・	
・　・		・　・	
・　・		・　・	
・　・		・　・	

2　あなたは，次のいずれかに該当しますか。

□　次の者に該当する。
　□　未成年者である。
　□　家庭裁判所で成年後見人，保佐人，補助人等を解任されたことがある。
　□　破産開始決定を受けたが，免責許可決定を受けていないなどで復権していない。
　□　現在，本人との間で訴訟をしている又は過去に訴訟をした。
　□　現在，本人との間で訴訟をしている又は過去に訴訟をした方の〔□ 配偶者 □ 親 □ 子〕である。
□　いずれにも該当しない。

3　あなたと本人との日常の交流状況（同居の有無，家計状況，面会頻度，介護，援助，事務等）

(1)　本人との関係　□　本人の親族（続柄：　　　　）　□　その他（　　　　　　）
(2)　本人との同居の有無
　現在，本人と　□　同居中である。（同居を開始した時期　　　　年　　月～）
　　　　　　　　□　別居中である。
(3)　本人との家計の状況
　現在，本人と　□　家計が同一である。　□　家計は別である。
(4)　（※　本人と別居中である方のみ回答してください。）
　本人との面会の状況　□　月に（　　）回程度　　□　２～３か月に１回程度
　　　　　　　　　　　□　半年に１回程度　　　　□　年に１回程度
　　　　　　　　　　　□　ほとんど会っていない　□　その他（　　　　　　）
(5)　あなたが本人のために介護や援助など行っていることがあれば記載してください。

＿＿＿＿＿＿＿＿＿＿＿＿＿＿＿＿＿＿＿＿＿＿＿＿＿＿＿＿

4　あなたと本人との間で，金銭の貸借，担保提供，保証，立替えを行っている関係がありますか。

・　金銭貸借　□　なし　□　あり（具体的な金額，内容　　　　　　　　　　　　　）
・　担保提供　□　なし　□　あり（具体的な金額，内容　　　　　　　　　　　　　）
・　保証　　　□　なし　□　あり（具体的な金額，内容　　　　　　　　　　　　　）
・　立替払　　□　なし　□　あり（具体的な金額，内容　　　　　　　　　　　　　）
（※　あなたが立て替えた金銭が「あり」の場合，本人に返済を求める意思がありますか。）
□　返済を求める意思はない。　□　返済を求める意思がある。

※　「あり」に該当する項目がある場合は，関係書類（借用書，担保権設定契約書，保証に関する書類，領収書，立替払を示す領収書・出納帳等）のコピーを添付してください。

5　あなたが候補者となった経緯や事情を記載してください。

____

____

____

6　本人の財産管理と身上監護（療養看護）に関する今後の方針，計画

□ 現状を維持する（本人の財産状況，身上監護状況が変化する見込みはない。）。
□ 以下のとおり，**財産状況**が変化する見込みである。
（大きな収支の変動，多額の入金の予定など，具体的な内容を記載してください。）

____

____

□ 以下のとおり，**身上監護（療養看護）**の状況が変化する見込みである。
（必要となる医療や福祉サービス，身の回りの世話など，具体的な内容を記載してください。）

____

____

7　成年後見人・保佐人・補助人の選任の手続について

成年後見人・保佐人・補助人の選任の手続について，次のことを知っていますか。知っている事項の□にチェックを付してください。

□　家庭裁判所が，あなた以外の人を成年後見人・保佐人・補助人に選任する場合があること。
□　あなたを成年後見人・保佐人・補助人に選任するとともに成年後見監督人・保佐監督人・補助監督人を選任する場合があること。
□　誰を成年後見人・保佐人・補助人に選任するかという家庭裁判所の判断については，不服の申立てができないこと。

８　成年後見人・保佐人・補助人の役割及び責任について

(1)　家庭裁判所で配布している申立ての手引きやパンフレット，裁判所ウェブサイトの後見ポータルサイトや家庭裁判所に備え付けているＤＶＤをご覧になるなどして，成年後見人・保佐人・補助人の役割や責任を理解していますか。

□　理解している。

□　理解できないところがある。又は疑問点がある。

（理解できないところや疑問点について記載してください。）

____

□　理解できていない。

→　家庭裁判所で配布している申立ての手引きやパンフレット，裁判所ウェブサイトの後見ポータルサイトや家庭裁判所に備え付けているＤＶＤなどで，成年後見人・保佐人・補助人の役割や責任について説明していますのでそちらをご覧になってください。

(2)　あなたが成年後見人・保佐人・補助人に選任された場合には次のことに同意しますか。

・　本人の意思を尊重し，本人の心身の状態や生活状況に配慮すること。

・　本人の財産を後見人等自身のために利用しないこと。また，投資，投機等の運用をしたり，贈与，貸付をしたり，本人に借金や保証（抵当権の設定を含む。）等をさせることがないように誠実に管理すること。

・　本人の収支の状況を記録に残すこと。

・　家庭裁判所の指示に従い，書類の提出や定期的に報告を行うなど，後見等事務の監督を受けること。

□　全てに同意する。

□　同意できない。又は疑問点がある。

（同意できない理由や疑問点について記載してください。）

____

財　産　目　録

令和　　年　　月　　日　作成者氏名　　　　　　　　　　印

本人（＿＿＿＿＿＿＿＿＿＿＿）の財産の内容は以下のとおりです。

※　以下の１から９までの財産の有無等について該当する□にチェックを付し，その内容を記載してください。

※　以下の１から８までの財産に関する資料がある場合には，「資料」欄の□にチェックを付し，当該資料の写しを添付してください。また，財産目録との対応関係がわかるように，資料の写しには対応する番号を右上に付してください。（例：財産目録の「１預貯金・現金」の「No.２」の資料の写しであれば，資料の写しの右上に「財１－２」と付記してください。）

※　財産の各記載欄が不足した場合には，この用紙をコピーした上で，「No.」欄の番号を連続するよう付け直してください。

１　預貯金・現金

□　次のとおり　□　当該財産はない　□　不明

※　「口座種別」欄については，普通預貯金や通常貯金等は「普通」，定期預貯金や定額貯金等は「定期」の□にチェックを付してください。

No.	金融機関の名称	支店名	口座種別	口座番号	最終確認日	残高（円）	管理者	資料
1			□普通 □定期					□
2			□普通 □定期					□
3			□普通 □定期					□
4			□普通 □定期					□
5			□普通 □定期					□
6			□普通 □定期					□
7			□普通 □定期					□
8			□普通 □定期					□
9			□普通 □定期					□
10			□普通 □定期					□
現金（預貯金以外で所持している金銭）								
合　計								

２　有価証券等（株式，投資信託，国債，社債，外貨預金，手形，小切手など）

□　次のとおり　□　当該財産はない　□　不明

No.	種　類	株式の銘柄，証券会社の名称等	数量，額面金額	評価額（円）	管理者	資料
1						□
2						□
3						□
4						□
5						□
合　計						

3　生命保険，損害保険等（本人が契約者又は受取人になっているもの）
□　次のとおり　□　当該財産はない　□　不明

No.	保険会社の名称	保険の種類	証書番号	保険金額（受取額）（円）	契約者	受取人	資料
1							□
2							□
3							□
4							□
5							□

4　不動産（土地）
□　次のとおり　□　当該財産はない　□　不明

No.	所　在	地　番	地　目	地積（㎡）	備考（現状，持分等）	資料
1						□
2						□
3						□
4						□
5						□

5　不動産（建物）
□　次のとおり　□　当該財産はない　□　不明

No.	所　在	家屋番号	種　類	床面積（㎡）	備考（現状，持分等）	資料
1						□
2						□
3						□
4						□
5						□

6　債権（貸付金，損害賠償金など）
□　次のとおり　□　当該財産はない　□　不明

No.	債務者名（請求先）	債権の内容	残額（円）	備考	資料
1					□
2					□
3					□
4					□
5					□
合　計					

7　その他（自動車など）
□　次のとおり　□　当該財産はない　□　不明

No.	種類	内容	評価額（円）	備考	資料
1					□
2					□
3					□
4					□
5					□

8　負債
□　次のとおり　□　負債はない　□　不明

No.	債権者名（支払先）	負債の内容	残額（円）	返済月額（円）	資料
1					□
2					□
3					□
4					□
5					□
合　計					

9　遺産分割未了の相続財産（本人が相続人となっている遺産）
□　相続財産がある（相続財産目録を作成して提出してください。）
□　相続財産はない（相続財産目録は作成する必要はありません。）
□　不明　（相続財産目録は作成する必要はありません。）

相続財産目録

令和　　年　　月　　日　作成者氏名　　　　　　　　　　印

本人（＿＿＿＿＿＿＿＿）が相続人となっている相続財産の内容は以下のとおりです。

※　本人が相続人となっている遺産分割未了の相続財産がある場合にのみ提出してください。

※　被相続人（亡くなられた方）が複数いる場合には，この目録をコピーするなどして，被相続人ごとにこの目録を作成してください。

※　以下の相続財産の有無等について該当する□にチェックを付し，その内容を記載してください。

※　以下の相続財産に関する資料がある場合には，「資料」欄の□にチェックを付し，当該資料の写しを添付してください。また，相続財産目録との対応関係がわかるように，資料の写しには対応する番号を右上に付してください。（例：相続財産目録の「１預貯金・現金」の「No.２」の資料の写しであれば，資料の写しの右上に「相１－２」と付記してください。）

※　相続財産の各記載欄が不足した場合には，この用紙をコピーした上で，「No.」欄の番号を連続するよう付け直してください。

被相続人の氏名	（＿＿＿＿＿＿＿＿）
本人との続柄	（本人の＿＿＿＿＿＿）
被相続人が亡くなられた日	（□　平成・□　令和　　年　　月　　日死亡）
本人の法定相続分	（　　　分の　　　）
遺言書	□　あり　□　なし　□　不明

1　預貯金・現金

□　次のとおり　□　当該財産はない　□　不明

※　「口座種別」欄については，普通預貯金や通常貯金等は「普通」，定期預貯金や定額貯金等は「定期」の□にチェックを付してください。

No.	金融機関の名称	支店名	口座種別	口座番号	最終確認日	残高（円）	管理者	資料
1			□普通 □定期					□
2			□普通 □定期					□
3			□普通 □定期					□
4			□普通 □定期					□
5			□普通 □定期					□
6			□普通 □定期					□
7			□普通 □定期					□
8			□普通 □定期					□
9			□普通 □定期					□
10			□普通 □定期					□
現金（預貯金以外で所持している金銭）								
合　計								

２　有価証券等（株式，投資信託，国債，社債，外貨預金，手形，小切手など）

□　次のとおり　□　当該財産はない　□　不明

No.	種　類	株式の銘柄，証券会社の名称等	数量，額面金額	評価額（円）	管理者	資料
1						□
2						□
3						□
4						□
5						□
合　計						

３　生命保険，損害保険等（被相続人が契約者又は受取人になっているもの）

□　次のとおり　□　当該財産はない　□　不明

No.	保険会社の名称	保険の種類	証書番号	保険金額（受取額）（円）	契約者	受取人	資料
1							□
2							□
3							□
4							□
5							□

４　不動産（土地）

□　次のとおり　□　当該財産はない　□　不明

No.	所　在	地　番	地　目	地積（㎡）	備考（現状，持分等）	資料
1						□
2						□
3						□
4						□
5						□

５　不動産（建物）

□　次のとおり　□　当該財産はない　□　不明

No.	所　在	家屋番号	種　類	床面積（㎡）	備考（現状，持分等）	資料
1						□
2						□
3						□
4						□
5						□

6　債権（貸付金，損害賠償金など）

□　次のとおり　□　当該財産はない　□　不明

No.	債務者名（請求先）	債権の内容	残額（円）	備考	資料
1					□
2					□
3					□
4					□
5					□
合　計					

7　その他（自動車など）

□　次のとおり　□　当該財産はない　□　不明

No.	種類	内容	評価額（円）	備考	資料
1					□
2					□
3					□
4					□
5					□

8　負債

□　次のとおり　□　負債はない　□　不明

No.	債権者名（支払先）	負債の内容	残額（円）	返済月額（円）	資料
1					□
2					□
3					□
4					□
5					□
合　計					

収　支　予　定　表

令和　　年　　月　　日　　作成者氏名　　　　　　　　　　　印

※　以下の収支について記載し，資料がある場合には，「資料」欄の□にチェックを付し，当該資料の写しを添付してください。また，収支予定表との対応関係がわかるように，資料の写しには対応する番号を右上に付してください。（例：収支予定表の「１本人の定期的な収入」の「No. ２国民年金」の資料の写しであれば，資料の写しの右上に「収１－２」と付記してください。）

※　収支の各記載欄が不足した場合には，この用紙をコピーした上で，「No.」欄の番号を連続するよう付け直してください。

1　本人の定期的な収入

No.	名称・支給者等	月　額（円）	入金先口座・頻度等	資料
1	厚生年金		□財産目録預貯金No.　　の口座に振り込み	□
2	国民年金		□財産目録預貯金No.　　の口座に振り込み	□
3	その他の年金（　　　　　）		□財産目録預貯金No.　　の口座に振り込み	□
4	生活保護等（　　　　　）		□財産目録預貯金No.　　の口座に振り込み	□
5	給与・役員報酬等		□財産目録預貯金No.　　の口座に振り込み	□
6	賃料収入（家賃，地代等）		□財産目録預貯金No.　　の口座に振り込み	□
7				□
8				□
9				□
10				□
	収入の合計（月額）＝	円	年額（月額×12か月）＝　　　　円	

2　本人の定期的な支出

No.	品　目		月　額（円）	引落口座・頻度・支払方法等	資料
1	生活費	食費・日用品		□財産目録預貯金No.　　の口座から自動引き落とし	□
2		電気・ガス・水道代等		□財産目録預貯金No.　　の口座から自動引き落とし	□
3		通信費		□財産目録預貯金No.　　の口座から自動引き落とし	□
4				□財産目録預貯金No.　　の口座から自動引き落とし	□
5				□財産目録預貯金No.　　の口座から自動引き落とし	□
6	療養費	施設費		□財産目録預貯金No.　　の口座から自動引き落とし	□
7		入院費・医療費・薬代		□財産目録預貯金No.　　の口座から自動引き落とし	□
8				□財産目録預貯金No.　　の口座から自動引き落とし	□
9				□財産目録預貯金No.　　の口座から自動引き落とし	□
10				□財産目録預貯金No.　　の口座から自動引き落とし	□

11	住居費	家賃		□財産目録預貯金No.　　の口座から自動引き落とし	□
12		地代		□財産目録預貯金No.　　の口座から自動引き落とし	□
13				□財産目録預貯金No.　　の口座から自動引き落とし	□
14				□財産目録預貯金No.　　の口座から自動引き落とし	□
15				□財産目録預貯金No.　　の口座から自動引き落とし	□
16	税金	固定資産税		□財産目録預貯金No.　　の口座から自動引き落とし	□
17		所得税		□財産目録預貯金No.　　の口座から自動引き落とし	□
18		住民税		□財産目録預貯金No.　　の口座から自動引き落とし	□
19				□財産目録預貯金No.　　の口座から自動引き落とし	□
20				□財産目録預貯金No.　　の口座から自動引き落とし	□
21	保険料	国民健康保険料		□財産目録預貯金No.　　の口座から自動引き落とし	□
22		介護保険料		□財産目録預貯金No.　　の口座から自動引き落とし	□
23		生命（損害）保険料		□財産目録預貯金No.　　の口座から自動引き落とし	□
24				□財産目録預貯金No.　　の口座から自動引き落とし	□
25				□財産目録預貯金No.　　の口座から自動引き落とし	□
26	その他	負債の返済		□財産目録預貯金No.　　の口座から自動引き落とし	□
27		こづかい			□
28				□財産目録預貯金No.　　の口座から自動引き落とし	□
29				□財産目録預貯金No.　　の口座から自動引き落とし	□
30				□財産目録預貯金No.　　の口座から自動引き落とし	□
31				□財産目録預貯金No.　　の口座から自動引き落とし	□
32				□財産目録預貯金No.　　の口座から自動引き落とし	□
33				□財産目録預貯金No.　　の口座から自動引き落とし	□
支出の合計（月額）＝			円	年額（月額×12か月）＝　　　円	

月額　（収入の合計）－（支出の合計）＝　＋・－	円
年額　（収入の合計）－（支出の合計）＝　＋・－	円

（家庭裁判所提出用）

診　断　書（成年後見制度用）

（表　面）

1　氏名　　　　　　　　　　　　　　　　　　　　　　　　　　男・女

年　　月　　日生（　　　歳）

住所

2　医学的診断

診断名（※判断能力に影響するものを記載してください。）

所見（現病歴，現在症，重症度，現在の精神状態と関連する既往症・合併症など）

各種検査

長谷川式認知症スケール　（□　　点（　　年　　月　　日実施）　□　実施不可）

ＭＭＳＥ　（□　　点（　　年　　月　　日実施）　□　実施不可）

脳の萎縮または損傷の有無

□　あり　⇒（□　部分的にみられる　□　全体的にみられる　□　著しい　□　未実施）

□　なし

知能検査

その他

短期間内に回復する可能性

□　回復する可能性は高い　□　回復する可能性は低い　□　分からない

（特記事項）

3　判断能力についての意見

□　契約等の意味・内容を自ら理解し，判断することができる。

□　支援を受けなければ，契約等の意味・内容を自ら理解し，判断することが難しい場合がある。

□　支援を受けなければ，契約等の意味・内容を自ら理解し，判断することができない。

□　支援を受けても，契約等の意味・内容を自ら理解し，判断することができない。

（意見）※　慎重な検討を要する事情等があれば，記載してください。

裏面に続く

（家庭裁判所提出用）　　（裏　面）

判定の根拠

(1) 見当識の障害の有無
□ あり ⇒（□ まれに障害がみられる □ 障害がみられるときが多い □ 障害が高度）
□ なし
（　　　　）

(2) 他人との意思疎通の障害の有無
□ あり ⇒（□ 意思疎通ができないときもある □ 意思疎通ができないときが多い
□ 意思疎通ができない）
□ なし
（　　　　）

(3) 理解力・判断力の障害の有無
□ あり ⇒（□ 問題はあるが程度は軽い □ 問題があり程度は重い □ 問題が顕著）
□ なし
（　　　　）

(4) 記憶力の障害の有無
□ あり ⇒（□ 問題はあるが程度は軽い □ 問題があり程度は重い □ 問題が顕著）
□ なし
（　　　　）

(5) その他（※上記以外にも判断能力に関して判定の根拠となる事項等があれば記載してください。）
（　　　　）

参考となる事項（本人の心身の状態，日常的・社会的な生活状況等）

※ 「本人情報シート」の提供を □ 受けた □ 受けなかった
（受けた場合には，その考慮の有無，考慮した事項等についても記載してください。）

以上のとおり診断します。　　　　年　　月　　日

病院又は診療所の名称・所在地

担当診療科名

担当医師氏名　　　　印

【医師の方へ】

※ 診断書の記載例等については，後見ポータルサイト（http://www.courts.go.jp/koukenp/）からダウンロードできます。
※ 参考となる事項欄にある「本人情報シート」とは，本人の判断能力等に関する診断を行う際の補助資料として，本人の介護・福祉担当者が作成するシートです。提供があった場合は，診断への活用を御検討ください。
※ 家庭裁判所は，診断書を含む申立人からの提出書類等に基づき，本人の判断能力について判断します（事案によって医師による鑑定を実施することがあります。）。

本人情報シート（成年後見制度用）

※　この書面は，本人の判断能力等に関して医師が診断を行う際の補助資料として活用するとともに，家庭裁判所における審理のために提出していただくことを想定しています。
※　この書面は，本人を支える福祉関係者の方によって作成されることを想定しています。
※　本人情報シートの内容についてさらに確認したい点がある場合には，医師や家庭裁判所から問合せがされることもあります。

作成日＿＿＿＿年＿＿月＿＿日

本人	作成者
氏　　名：＿＿＿＿＿＿＿＿	氏　　名：＿＿＿＿＿＿＿＿印
生年月日：＿＿年＿＿月＿＿日	職業(資格)：＿＿＿＿＿＿＿＿
	連　絡　先：＿＿＿＿＿＿＿＿
	本人との関係：＿＿＿＿＿＿＿＿

1　本人の生活場所について
□　自宅　（自宅での福祉サービスの利用　□　あり　□　なし）
□　施設・病院
→　施設・病院の名称＿＿＿＿＿＿＿＿＿＿＿＿
住所＿＿＿＿＿＿＿＿＿＿＿＿＿＿＿＿＿＿

2　福祉に関する認定の有無等について
□　介護認定　（認定日：　　　年　　　月）
□　要支援（１・２）　□　要介護（１・２・３・４・５）
□　非該当
□　障害支援区分（認定日：　　　年　　　月）
□　区分（１・２・３・４・５・６）　□　非該当
□　療育手帳・愛の手帳など　（手帳の名称　　　　）（判定　　　　）
□　精神障害者保健福祉手帳　（１・２・３　級）

3　本人の日常・社会生活の状況について
(1) 身体機能・生活機能について
□　支援の必要はない　□　一部について支援が必要　□　全面的に支援が必要
（今後，支援等に関する体制の変更や追加的対応が必要な場合は，その内容等）

(2) 認知機能について
日によって変動することがあるか：□　あり　□　なし
（※　ありの場合は，良い状態を念頭に以下のアからエまでチェックしてください。
エの項目は裏面にあります。）
ア　日常的な行為に関する意思の伝達について
□　意思を他者に伝達できる　□　伝達できない場合がある
□　ほとんど伝達できない　□　できない
イ　日常的な行為に関する理解について
□　理解できる　□　理解できない場合がある
□　ほとんど理解できない　□　理解できない
ウ　日常的な行為に関する短期的な記憶について
□　記憶できる　□　記憶していない場合がある
□　ほとんど記憶できない　□　記憶できない

エ　本人が家族等を認識できているかについて
　□　正しく認識している　　□　認識できていないところがある
　□　ほとんど認識できていない　□　認識できていない

(3) 日常・社会生活上支障となる精神・行動障害について
□　支障となる行動はない　　□　支障となる行動はほとんどない
□　支障となる行動がときどきある　　□　支障となる行動がある
（精神・行動障害に関して支援を必要とする場面があれば，その内容，頻度等）

(4) 社会・地域との交流頻度について
□　週１回以上　　□　月１回以上　　□　月１回未満

(5) 日常の意思決定について
□　できる　　□　特別な場合を除いてできる　　□　日常的に困難　　□　できない

(6) 金銭の管理について
□　本人が管理している　　□　親族又は第三者の支援を受けて本人が管理している
□　親族又は第三者が管理している
（支援（管理）を受けている場合には，その内容・支援者（管理者）の氏名等）

4　本人にとって重要な意思決定が必要となる日常・社会生活上の課題
（※　課題については，現に生じているものに加え，今後生じ得る課題も記載してください。）

5　家庭裁判所に成年後見制度の利用について申立てをすることに関する本人の認識
□　申立てをすることを説明しており，知っている。
□　申立てをすることを説明したが，理解できていない。
□　申立てをすることを説明しておらず，知らない。
□　その他
（上記チェックボックスを選択した理由や背景事情等）

6　本人にとって望ましいと考えられる日常・社会生活上の課題への対応策
（※御意見があれば記載してください。）

後見・保佐・補助開始の審判の申立てについて

1　概要

家庭裁判所は，精神上の障害によって，判断能力が欠けているのが通常の状態の方については後見開始の審判を，判断能力が著しく不十分な方については保佐開始の審判を，判断能力が不十分な方については補助開始の審判をすることができます。

(1)　後見開始の審判

精神上の障害（認知症，知的障害，精神障害など）によって判断能力が欠けているのが通常の状態の方（本人）を保護するための手続です。家庭裁判所は，本人のために成年後見人を選任し，成年後見人は，本人の財産に関する全ての法律行為を本人に代わって行い，また，成年後見人又は本人は，本人が自ら行った法律行為に関しては，日常生活に関するものを除いて，取り消すことができます。

(2)　保佐開始の審判

精神上の障害（認知症，知的障害，精神障害など）によって判断能力が著しく不十分な方（本人）を保護するための手続です。家庭裁判所は，本人のために保佐人を選任し，さらに，保佐人に対して，申立人が申し立てた特定の法律行為について，代理権を与えることができます。

また，保佐人又は本人は，本人が保佐人の同意を得ずに自ら行った重要な法律行為（借財，保証，不動産その他重要な財産の売買等）に関しては，取り消すことができます。

なお，本人以外の方の請求により代理権の付与の審判をするには，本人の同意を得る必要があります。

(3)　補助開始の審判

精神上の障害（認知症，知的障害，精神障害など）によって判断能力が不十分な方（本人）を保護するための手続です。家庭裁判所は，本人のために補助人を選任し，補助人には申立人が申し立てた特定の法律行為について，代理権若しくは同意権（取消権）のいずれか又は双方を与えることができます。

補助開始の審判をするには，同意権の付与の審判又は代理権の付与の審判を同時にしなければならないので，申立人にその申立てをしていただく必要があります。

なお，本人以外の方の請求により補助開始の審判，同意権の付与の審判又は代理権の付与の審判をするには，本人の同意を得る必要があります。

2　申立てをすることができる方

- 本人（後見・保佐・補助開始の審判を受ける者）
- 本人の配偶者
- 本人の四親等内の親族（本人の親，祖父母，子，孫，兄弟姉妹，甥，姪，おじ，おば，いとこ，配偶者の親，子，兄弟姉妹などが本人の四親等内の親族に当たります。）

- 成年後見人・成年後見監督人（保佐・補助開始の審判の申立てについて）
- 保佐人・保佐監督人（後見・補助開始の審判の申立てについて）
- 補助人・補助監督人（後見・保佐開始の審判の申立てについて）
- 未成年後見人・未成年後見監督人（後見・保佐・補助開始の審判の申立てについて）
- 検察官
- 市区町村長
- 任意後見受任者・任意後見人・任意後見監督人（任意後見契約が登記されているとき）

3　申立先

本人の住所地を管轄する家庭裁判所

4　申立てに必要な費用

※　申立費用は原則として申立人の負担となります。

(1)　申立手数料

後見又は保佐開始：収入印紙 800 円分

保佐又は補助開始＋代理権付与：収入印紙 1,600 円分

保佐又は補助開始＋同意権付与（※）：収入印紙 1,600 円分

保佐又は補助開始＋代理権付与＋同意権付与（※）：収入印紙 2,400 円分

※　保佐開始の申立ての場合，民法１３条１項に規定されている行為については，同意権付与の申立ての必要はありません。

(2)　連絡用の郵便切手（申立てをされる家庭裁判所へ確認してください。なお，各裁判所のウェブサイトの「裁判手続を利用する方へ」中に掲載されている場合もあります。）

(3)　後見登記手数料：収入印紙 2,600 円分

(4)　鑑定費用

本人の判断能力の程度を慎重に判断するため，医師による鑑定を行うことがあり，申立人にこの鑑定に要する費用を負担していただくことがあります。

5　申立てに必要な書類

別紙申立書類チェックリストのとおり

6　申立後の手続について

申立てを受けた家庭裁判所では，家庭裁判所調査官[1]や参与員[2]などが，直接，申立人，本人及び成年後見人等候補者に会って，申立ての実情や本人の意見などを聴いたりすることがあります。また，本人の判断能力について鑑定を行うなどした上で，本人の財産の内容や生活する上で必要となる援助の内容に応じて，ふさわしい方を成年後見人等に選びます。

なお，申立てをした後は，家庭裁判所の許可を得なければ申立てを取り下げることはできません。

また，成年後見人等の選任に当たっては，家庭裁判所が，本人にとって最も適任であると判断した方を選任しますので，必ずしも成年後見人等候補者の方が成年後見人等に選任されるとは限りません。

7　成年後見制度についてのお問合せ先

○　成年後見制度の申立てや手続のご案内
　裁判所ウェブサイト（後見ポータルサイト）
　http://www.courts.go.jp/koukenp/
※　手続のご説明のほか，各地の家庭裁判所や申立書書式等をご紹介しています。

○　成年後見制度についてのご相談
　各市区町村の地域包括支援センター（障害者の方の相談窓口は，市区町村及び市区町村が委託した指定相談支援事業者となります。）
※　地域包括支援センターの連絡先などのお問合せについては，各市区町村の窓口にお尋ねください。
※　成年後見制度を利用する際に必要な経費を助成している市区町村もあります。詳しくは，各市区町村の窓口にお尋ねください。

○　法的トラブルで困ったときのお問合せ
　日本司法支援センター法テラス（ＴＥＬ０５７０－０７８３７４）
　https://www.houterasu.or.jp/
※　固定電話であれば，全国どこからでも３分８．５円（税別）で通話することができます。
※　ＩＰ電話からは「03-6745-5600」にお電話ください。

○　任意後見契約について
　日本公証人連合会（ＴＥＬ０３－３５０２－８０５０）
　http://www.koshonin.gr.jp/　または全国の公証役場

[1] 家庭裁判所調査官は，心理学，社会学，教育学などの行動科学等の知識や技法を活用し，家事事件などについて調査を行うことを主な仕事とする裁判所の職員です。

[2] 参与員は，家庭裁判所により国民の中から選ばれ，家事審判事件の手続の際に，提出された書類を閲読したり，その内容について申立人の説明を聴いたりして，裁判官が判断するのに参考となる意見を述べる裁判所の非常勤職員です。

（別紙）

申立書類チェックリスト

1　申立書

□　後見・保佐・補助開始等申立書（申立書の標題及び「申立ての趣旨」欄に，「後見」，「保佐」又は「補助」の該当する部分の□にレ点（チェック）を付しているか御確認ください。）

□　代理行為目録【保佐・補助開始申立用】

□　同意行為目録【補助開始申立用】

2　標準的な申立関係書類

□　申立事情説明書

□　親族関係図

□　親族の意見書

□　後見人等候補者事情説明書

□　財産目録

□　相続財産目録（本人を相続人とする相続財産がある場合に提出してください。）

□　収支予定表

3　標準的な申立添付書類

※　個人番号（マイナンバー）が記載されている書類は提出しないようにご注意ください。

□　本人の戸籍謄本（全部事項証明書）（発行から３か月以内のもの）

□　本人の住民票又は戸籍附票（発行から３か月以内のもの）

□　成年後見人等候補者の住民票又は戸籍附票（発行から３か月以内のもの）
（成年後見人等候補者が法人の場合には，当該法人の商業登記簿謄本（登記事項証明書））

□　本人の診断書（発行から３か月以内のもの）
書式等については「成年後見制度における診断書作成の手引・本人情報シート作成の手引」を御覧ください。裁判所ウェブサイト（後見ポータルサイト）http://www.courts.go.jp/koukenp/でも御覧いただけます。

□　本人情報シート写し
書式等については「成年後見制度における診断書作成の手引・本人情報シート作成の手引」を御覧ください。裁判所ウェブサイト（後見ポータルサイト）http://www.courts.go.jp/koukenp/でも御覧いただけます。

□　本人の健康状態に関する資料
（介護保険認定書，療育手帳，精神障害者保健福祉手帳，身体障害者手帳などの写し）

□　本人の成年被後見人等の登記がされていないことの証明書（発行から３か月以内のもの）
東京法務局後見登録課または全国の法務局・地方法務局の本局で発行するもの。取得方法，証明申請書の書式等については最寄りの法務局・地方法務局にお尋ねいただくか，法務省のホームページ（http://www.moj.go.jp/）を御覧ください。
なお，本人が成年後見制度の利用及び任意後見契約の締結をしていない場合には，証明事項が「成年被後見人，被保佐人，被補助人，任意後見契約の本人とする記録がない。」ことの証明書を請求してください。

□　本人の財産に関する資料

・預貯金及び有価証券の残高がわかる書類：預貯金通帳写し，残高証明書など
・不動産関係書類：不動産登記事項証明書（未登記の場合は固定資産評価証明書）など
・負債がわかる書類：ローン契約書写しなど

□　本人の収支に関する資料
・収入に関する資料の写し：①年金額決定通知書，②給与明細書，③確定申告書，④家賃，地代等の領収書など
・支出に関する資料の写し：①施設利用料，②入院費，③納税証明書，④国民健康保険料等の決定通知書など

□（保佐又は補助開始の申立てにおいて同意権付与又は代理権付与を求める場合）
同意権，代理権を要する行為に関する資料（契約書写しなど）

※　同じ書類は本人１人につき１通で足ります。
※　審理のために必要な場合は，追加書類の提出をお願いすることがあります。

記載例（後見開始）

申立後は，家庭裁判所の許可を得なければ申立てを取り下げることはできません。

（☑後見 □保佐 □補助 ）開始等申立書

※ 該当するいずれかの部分の□にレ点（チェック）を付してください。

受付印

※ 収入印紙（申立費用）をここに貼ってください。

後見又は保佐開始のときは，８００円分
保佐又は補助開始＋代理権付与又は同意権付与のときは，１，６００円分
保佐又は補助開始＋代理権付与＋同意権付与のときは，２，４００円分
【注意】貼った収入印紙に押印・消印はしないでください。
収入印紙（登記費用）２，６００円分はここに貼らないでください。

申立書を提出する裁判所

作成年月日

収入印紙（申立費用） 円	準口頭		関連事件番号　　年（家　）第　　号
収入印紙（登記費用） 円			
予納郵便切手 円			

○○　家庭裁判所 ○○ 支部・出張所　御中 令和 ○ 年 ○ 月 ○ 日	申立人又は同手続代理人の記名押印	甲　野　花　子　㊞

平日（午前９時～午後５時）に連絡が取れる電話及び携帯電話の番号を正確に記載してください。

申立人	住所	〒○○○－○○○○ ○○県○○市○○町○丁目○番○号 電話 ○○（○○○○）○○○○　携帯電話 ○○○（○○○○）○○○○	
	ふりがな	こうの　はなこ	□ 大正 ☑ 昭和　○ 年 ○ 月 ○ 日 生 □ 平成　（ ○○ 歳）
	氏名	甲　野　花　子	
	本人との関係	□ 本人　☑ 配偶者　□ 親　□ 子　□ 孫　□ 兄弟姉妹　□ 甥姪 □ その他の親族（関係：　）　□ 市区町村長 □ その他（　）	
手続代理人	住所（事務所等）	〒　－ 電話　（　）　携帯電話　（　）	
	氏名		
本人	本籍（国籍）	○○　都道府県　○○市○○町○○番地	
	住民票上の住所	☑ 申立人と同じ 〒　－ 電話 ○○（○○○○）○○○○	
	実際に住んでいる場所	□ 住民票上の住所と同じ 〒○○○－○○○○　※ 病院や施設の場合は，所在地，名称，連絡先を記載してください。 ○○県○○市○○町○丁目○番○号 病院・施設名（ ○○病院 ）電話 ○○（○○○○）○○○○	
	ふりがな	こうの　たろう	□ 大正 ☑ 昭和　○ 年 ○ 月 ○ 日 生 □ 平成　（ ○○ 歳）
	氏名	甲　野　太　郎	

成年後見人を選任する必要がある方について記載してください。

申　立　て　の　趣　旨

※　該当する部分の□にレ点（チェック）を付してください。

☑　本人について**後見**を開始するとの審判を求める。

□　本人について**保佐**を開始するとの審判を求める。

※　以下は，必要とする場合に限り，該当する部分の□にレ点（チェック）を付してください。なお，保佐開始申立ての場合，民法１３条１項に規定されている行為については，同意権付与の申立ての必要はありません。

□　本人のために**別紙代理行為目録記載**の行為について**保佐人に代理権を付与する**との審判を求める。

□　本人が民法１３条１項に規定されている行為のほかに，下記の行為（日用品の購入その他日常生活に関する行為を除く。）をするにも，**保佐人の同意を得なければならない**との審判を求める。

記

□　本人について**補助**を開始するとの審判を求める。

※　以下は，少なくとも１つは，該当する部分の□にレ点（チェック）を付してください。

□　本人のために**別紙代理行為目録記載**の行為について**補助人に代理権を付与する**との審判を求める。

□　本人が**別紙同意行為目録**記載の行為（日用品の購入その他日常生活に関する行為を除く。）をするには，**補助人の同意を得なければならない**との審判を求める。

申　立　て　の　理　由

※　該当する部分の□にレ点（チェック）を付すとともに，具体的な事情を記載してください。

本人は，

☑ 預貯金等の管理・解約　□ 保険金受取　□ 不動産の管理・処分　☑ 相続手続
□ 訴訟手続等　□ 介護保険契約　□ 身上監護（福祉施設入所契約等）
□ その他（　　　　　　　　　　）

の必要があるが，

☑ 認知症　□ 統合失調症　□ 知的障害　□ 高次脳機能障害
□ 遷延性意識障害　□ その他（　　　　　　　　　　）

により判断能力が欠けているのが通常の状態又は判断能力が（著しく）不十分である。

※　具体的な事情を記載してください。書ききれない場合は別紙を利用してください。

本人は，○年程前から認知症で○○病院に入院しているが，その症状は回復の見込みがなく，日常的に必要な買い物も一人でできない状態である。

令和○年○月に本人の弟である甲野次郎が亡くなり遺産分割の必要が生じたことから本件を申し立てた。申立人も病気がちなので，成年後見人には，健康状態に問題のない長男の甲野夏男を選任してもらいたい。

この申立てをするに至ったいきさつや事情をわかりやすく記載してください。

法人の場合には，商業登記簿上の名称又は番号，代表者名及び主たる事務所又は本店の所在地を適宜の欄を使って記載してください。

<table>
<tr><td rowspan="4">成年後見人等候補者</td><td colspan="3">□ 家庭裁判所に一任　※　以下この欄の記載は不要
□ 申立人　※　申立人のみが候補者の場合は，以下この欄の記載は不要
☑ 申立人以外の〔 ☑ 以下に記載の者　□ 別紙に記載の者 〕</td></tr>
<tr><td>住　　所</td><td colspan="2">〒　　－
申立人の住所と同じ
電話　〇〇（〇〇〇〇）〇〇〇〇　携帯電話　〇〇〇（〇〇〇〇）〇〇〇〇</td></tr>
<tr><td>ふりがな
氏　　名</td><td>こうの　なつお
甲野　夏男</td><td>☑ 昭和
□ 平成　〇年〇月〇日生（〇〇歳）</td></tr>
<tr><td>本人との関　　係</td><td colspan="2">☑ 親　族：□ 配偶者　□ 親　☑ 子　□ 孫　□ 兄弟姉妹
□ 甥姪　□ その他（関係：　）
□ 親族外：（職業：　）</td></tr>
</table>

手続費用の上申

□　手続費用については，本人の負担とすることを希望する。

※　手続費用は申立人の負担が原則です。ただし，申立手数料，送達・送付費用，後見登記手数料，鑑定費用については，この上申に基づき，これらの全部又は一部について，本人の負担とできる場合があります。

※　本欄に記載した場合でも，必ずしも希望どおり認められるとは限りません。

<table>
<tr><td>添付書類</td><td>※　同じ書類は本人1人につき1通で足ります。審理のために必要な場合は，追加書類の提出をお願いすることがあります。
※　個人番号（マイナンバー）が記載されている書類は提出しないようにご注意ください。
☑ 本人の戸籍謄本（全部事項証明書）
☑ 本人の住民票又は戸籍附票
☑ 成年後見人等候補者の住民票又は戸籍附票
（成年後見人等候補者が法人の場合には，当該法人の商業登記簿謄本（登記事項証明書））
☑ 本人の診断書
☑ 本人情報シート写し
☑ 本人の健康状態に関する資料
☑ 本人の成年被後見人等の登記がされていないことの証明書
☑ 本人の財産に関する資料
☑ 本人の収支に関する資料
□（保佐又は補助開始の申立てにおいて同意権付与又は代理権付与を求める場合）同意権，代理権を要する行為に関する資料（契約書写しなど）</td></tr>
</table>

※　太わくの中だけ記載してください。
※　該当する部分の□にレ点（チェック）を付してください。

記載例（保佐開始）

資料３：申立書（保佐）記載例

申立後は，家庭裁判所の許可を得なければ申立てを取り下げることはできません。

受付印

（ ☐後見 ☑保佐 ☐補助 ）開始等申立書

※ 該当するいずれかの部分の☐にレ点（チェック）を付してください。

※ 収入印紙（申立費用）をここに貼ってください。

後見又は保佐開始のときは，８００円分

保佐又は補助開始＋代理権付与又は同意権付与のときは，１，６００円分

保佐又は補助開始＋代理権付与＋同意権付与のときは，２，４００円分

【注意】貼った収入印紙に押印・消印はしないでください。

収入印紙（登記費用）２，６００円分はここに貼らないでください。

申立書を提出する裁判所

作成年月日

収入印紙（申立費用）	円	準口頭		関連事件番号　　年（家　　）第　　号
収入印紙（登記費用）	円			
予納郵便切手	円			

○○　家庭裁判所 ○○ 支部・出張所　御中 令和 ○ 年 ○ 月 ○ 日	申立人又は同手続代理人の記名押印	甲 野　花 子　㊞

平日（午前９時～午後５時）に連絡が取れる電話及び携帯電話の番号を正確に記載してください。

申立人	住所	〒○○○－○○○○ ○○県○○市○○町○丁目○番○号 電話 ○○（○○○○）○○○○　携帯電話 ○○○（○○○○）○○○○	
	ふりがな	こう の　はな こ	☐ 大正 ☑ 昭和　○ 年 ○ 月 ○ 日 生 ☐ 平成　（ ○○ 歳）
	氏名	甲 野　花 子	
	本人との関係	☐ 本人　☑ 配偶者　☐ 親　☐ 子　☐ 孫　☐ 兄弟姉妹　☐ 甥姪 ☐ その他の親族（関係：　　）　☐ 市区町村長 ☐ その他（　　）	
手続代理人	住所（事務所等）	〒　－ 電話（　）　携帯電話（　）	
	氏名		
本人	本籍（国籍）	○○　都 道 府 県　○○市○○町○○番地	
	住民票上の住所	☑ 申立人と同じ 〒　－ 電話 ○○（○○○○）○○○○	
	実際に住んでいる場所	☐ 住民票上の住所と同じ 〒○○○－○○○○　※ 病院や施設の場合は，所在地，名称，連絡先を記載してください。 ○○県○○市○○町○丁目○番○号 病院・施設名（ ○○病院 ）電話 ○○（○○○○）○○○○	
	ふりがな	こう の　た ろう	☐ 大正 ☑ 昭和　○ 年 ○ 月 ○ 日 生 ☐ 平成　（ ○○ 歳）
	氏名	甲 野　太 郎	

保佐人を選任する必要がある方について記載してください。

民法13条1項に規定されている行為とは，補助用の「同意行為目録」に記載している事項です。

申　立　て　の　趣　旨

※　該当する部分の□にレ点（チェック）を付してください。

□　本人について**後見**を開始するとの審判を求める。

☑　本人について**保佐**を開始するとの審判を求める。

※　以下は，必要とする場合に限り，該当する部分の□にレ点（チェック）を付してください。なお，保佐開始申立ての場合，民法１３条１項に規定されている行為については，同意権付与の申立ての必要はありません。

☑　本人のために**別紙代理行為目録記載**の行為について保佐人に**代理権**を付与するとの審判を求める。

□　本人が民法１３条１項に規定されている行為のほかに，下記の行為（日用品の購入その他日常生活に関する行為を除く。）をするにも，保佐人の**同意**を得なければならないとの審判を求める。

記

□　本人について**補助**を開始するとの審判を求める。

※　以下は，少なくとも１つは，該当する部分の□にレ点（チェック）を付してください。

□　本人のために**別紙代理行為目録記載**の行為について補助人に**代理権**を付与するとの審判を求める。

□　本人が**別紙同意行為目録**記載の行為（日用品の購入その他日常生活に関する行為を除く。）をするには，補助人の**同意**を得なければならないとの審判を求める。

この申立てをするに至ったいきさつや事情をわかりやすく記載してください。

申　立　て　の　理　由

※　該当する部分の□にレ点（チェック）を付すとともに，具体的な事情を記載してください。

本人は，

☑ 預貯金等の管理・解約　□ 保険金受取　□ 不動産の管理・処分　☑ 相続手続
□ 訴訟手続等　□ 介護保険契約　□ 身上監護（福祉施設入所契約等）
□ その他（　　　　　　　　　　）

の必要があるが，

☑ 認知症　□ 統合失調症　□ 知的障害　□ 高次脳機能障害
□ 遷延性意識障害　□ その他（　　　　　　　　　　）

により判断能力が欠けているのが通常の状態又は（著しく）不十分である。

※　具体的な事情を記載してください。書ききれない場合は別紙を利用してください。

本人は，〇年程前から認知症で〇〇病院に入院しているが，その症状は回復の見込みがない状態である。

令和〇年〇月に本人の弟である甲野次郎が亡くなり遺産分割の必要が生じたが，本人が一人で手続を行うことには不安があるので，本件を申し立てた。申立人も病気がちなので，保佐人には，健康状態に問題のない長男の甲野夏男を選任してもらいたい。

法人の場合には，商業登記簿上の名称又は番号，代表者名及び主たる事務所又は本店の所在地を適宜の欄を使って記載してください。

成年後見人等候補者			
	☐ 家庭裁判所に一任　※　以下この欄の記載は不要 ☐ 申立人　※　申立人のみが候補者の場合は，以下この欄の記載は不要 ☑ 申立人以外の〔 ☑ 以下に記載の者　☐ 別紙に記載の者 〕		
	住　所	〒　－ **申立人の住所と同じ** 電話　○○（○○○○）○○○○　携帯電話　○○○（○○○○）○○○○	
	ふりがな	こう の　なつ お	☑ 昭和 ○年○月○日生 ☐ 平成　（○○歳）
	氏　名	**甲　野　夏　男**	
	本人との関係	☑ 親　族：☐ 配偶者　☐ 親　☑ 子　☐ 孫　☐ 兄弟姉妹 ☐ 甥姪　☐ その他（関係：　） ☐ 親族外：（職業：　）	

手続費用の上申

☐　手続費用については，本人の負担とすることを希望する。

※　手続費用は申立人の負担が原則です。ただし，申立手数料，送達・送付費用，後見登記手数料，鑑定費用については，この上申に基づき，これらの全部又は一部について，本人の負担とできる場合があります。

※　本欄に記載した場合でも，必ずしも希望どおり認められるとは限りません。

添付書類	
	※　同じ書類は本人１人につき１通で足ります。審理のために必要な場合は，追加書類の提出をお願いすることがあります。 **※　個人番号（マイナンバー）が記載されている書類は提出しないようにご注意ください。** ☑ 本人の戸籍謄本（全部事項証明書） ☑ 本人の住民票又は戸籍附票 ☑ 成年後見人等候補者の住民票又は戸籍附票 （成年後見人等候補者が法人の場合には，当該法人の商業登記簿謄本（登記事項証明書）） ☑ 本人の診断書 ☑ 本人情報シート写し ☑ 本人の健康状態に関する資料 ☑ 本人の成年被後見人等の登記がされていないことの証明書 ☑ 本人の財産に関する資料 ☑ 本人の収支に関する資料 ☑（保佐又は補助開始の申立てにおいて同意権付与又は代理権付与を求める場合） 同意権，代理権を要する行為に関する資料（契約書写しなど）

※　太わくの中だけ記載してください。
※　該当する部分の☐にレ点（チェック）を付してください。

記載例（補助開始）

申立後は，家庭裁判所の許可を得なければ申立てを取り下げることはできません。

（ ☐後見 ☐保佐 ☑補助 ）開始等申立書

※ 該当するいずれかの部分の☐にレ点（チェック）を付してください。

受付印	※ 収入印紙（申立費用）をここに貼ってください。 後見又は保佐開始のときは，８００円分 保佐又は補助開始＋代理権付与又は同意権付与のときは，１，６００円分 保佐又は補助開始＋代理権付与＋同意権付与のときは，２，４００円分 【注意】貼った収入印紙に押印・消印はしないでください。 収入印紙（登記費用）２，６００円分はここに貼らないでください。
収入印紙（申立費用） 円 収入印紙（登記費用） 円 予納郵便切手 円	準口頭 ｜ 関連事件番号　年（家　）第　号
○○ 家庭裁判所 ○○ (支部)・出張所 御中 令和 ○ 年 ○ 月 ○ 日	申立人又は同手続代理人の記名押印　甲 野 花 子 ㊞

申立書を提出する裁判所

作成年月日

平日（午前９時～午後５時）に連絡が取れる電話及び携帯電話の番号を正確に記載してください。

申立人	住所	〒 ○○○－ ○○○○ ○○県○○市○○町○丁目○番○号 電話 ○○（○○○○）○○○○ 携帯電話 ○○○（○○○○）○○○○	
	ふりがな	こう の はな こ	☐ 大正 ☑ 昭和 ○ 年 ○ 月 ○ 日 生 ☐ 平成 （ ○○ 歳）
	氏名	甲 野 花 子	
	本人との関係	☐ 本人 ☑ 配偶者 ☐ 親 ☐ 子 ☐ 孫 ☐ 兄弟姉妹 ☐ 甥姪 ☐ その他の親族（関係：　） ☐ 市区町村長 ☐ その他（　）	
手続代理人	住所（事務所等）	〒 － 電話 （　） 携帯電話 （　）	
	氏名		
本人	本籍（国籍）	○○ 都道府(県) ○○市○○町○○番地	
	住民票上の住所	☑ 申立人と同じ 〒 － 電話 ○○（○○○○）○○○○	
	実際に住んでいる場所	☐ 住民票上の住所と同じ 〒○○○－○○○○ ※ 病院や施設の場合は，所在地，名称，連絡先を記載してください。 ○○県○○市○○町○丁目○番○号 病院・施設名（ ○○病院 ）電話 ○○（○○○○）○○○○	
	ふりがな	こう の た ろう	☐ 大正 ☑ 昭和 ○ 年 ○ 月 ○ 日 生 ☐ 平成 （ ○○ 歳）
	氏名	甲 野 太 郎	

補助人を選任する必要がある方について記載してください。

申立ての趣旨

※　該当する部分の□にレ点（チェック）を付してください。

□　本人について**後見**を開始するとの審判を求める。

□　本人について**保佐**を開始するとの審判を求める。
※　以下は，必要とする場合に限り，該当する部分の□にレ点（チェック）を付してください。なお，保佐開始申立ての場合，民法１３条１項に規定されている行為については，同意権付与の申立ての必要はありません。

□　本人のために**別紙代理行為目録記載**の行為について**保佐人に代理権を付与する**との審判を求める。

□　本人が民法１３条１項に規定されている行為のほかに，下記の行為（日用品の購入その他日常生活に関する行為を除く。）をするにも，**保佐人の同意を得なければならない**との審判を求める。

記

☑　本人について**補助**を開始するとの審判を求める。
※　以下は，少なくとも１つは，該当する部分の□にレ点（チェック）を付してください。

☑　本人のために**別紙代理行為目録記載**の行為について**補助人に代理権を付与する**との審判を求める。

☑　本人が**別紙同意行為目録**記載の行為（日用品の購入その他日常生活に関する行為を除く。）をするには，**補助人の同意を得なければならない**との審判を求める。

申立ての理由

※　該当する部分の□にレ点（チェック）を付すとともに，具体的な事情を記載してください。

本人は，
☑ 預貯金等の管理・解約　□ 保険金受取　□ 不動産の管理・処分　☑ 相続手続
□ 訴訟手続等　□ 介護保険契約　□ 身上監護（福祉施設入所契約等）
□ その他（　　　　　　　　）
の必要があるが，
☑ 認知症　□ 統合失調症　□ 知的障害　□ 高次脳機能障害
□ 遷延性意識障害　□ その他（　　　　　　　　）
により判断能力が欠けているのが通常の状態又は判断能力が（著しく）不十分である。

※　具体的な事情を記載してください。書ききれない場合は別紙を利用してください。

本人は，○年程前から認知症の症状が出ていると言われている。
令和○年○月に本人の弟である甲野次郎が亡くなり遺産分割の必要が生じたが，本人が一人で手続を行うことには不安があるので，本件を申し立てた。また，以前，訪問販売で高価な物を購入して困ったことがあったので，補助人に同意権を与えてほしい。申立人も病気がちなので，補助人には，健康状態に問題のない長男の甲野夏男を選任してもらいたい。

この申立てをするに至ったいきさつや事情をわかりやすく記載してください。

法人の場合には，商業登記簿上の名称又は番号，代表者名及び主たる事務所又は本店の所在地を適宜の欄を使って記載してください。

<table>
<tr><td rowspan="5">成年後見人等候補者</td><td colspan="3">☐ 家庭裁判所に一任　※　以下この欄の記載は不要
☐ 申立人　※　申立人のみが候補者の場合は，以下この欄の記載は不要
☑ 申立人以外の〔 ☑ 以下に記載の者　☐ 別紙に記載の者 〕</td></tr>
<tr><td>住　所</td><td colspan="2">〒　－
申立人の住所と同じ
電話　〇〇（〇〇〇〇）〇〇〇〇　携帯電話　〇〇〇（〇〇〇〇）〇〇〇〇</td></tr>
<tr><td>ふりがな</td><td>こう の　なつ お</td><td rowspan="2">☑ 昭和
〇 年 〇 月 〇 日 生
☐ 平成　（ 〇〇 歳）</td></tr>
<tr><td>氏　名</td><td>甲 野　夏 男</td></tr>
<tr><td>本人との関係</td><td colspan="2">☑ 親　族：☐ 配偶者　☐ 親　☑ 子　☐ 孫　☐ 兄弟姉妹
☐ 甥姪　☐ その他（関係：　）
☐ 親族外：（職業：　）</td></tr>
</table>

手続費用の上申

☐　手続費用については，本人の負担とすることを希望する。

※　手続費用は申立人の負担が原則です。ただし，申立手数料，送達・送付費用，後見登記手数料，鑑定費用については，この上申に基づき，これらの全部又は一部について，本人の負担とできる場合があります。

※　本欄に記載した場合でも，必ずしも希望どおり認められるとは限りません。

<table>
<tr><td>添付書類</td><td>※　同じ書類は本人１人につき１通で足ります。審理のために必要な場合は，追加書類の提出をお願いすることがあります。
※　個人番号（マイナンバー）が記載されている書類は提出しないようにご注意ください。
☑　本人の戸籍謄本（全部事項証明書）
☑　本人の住民票又は戸籍附票
☑　成年後見人等候補者の住民票又は戸籍附票
（成年後見人等候補者が法人の場合には，当該法人の商業登記簿謄本（登記事項証明書））
☑　本人の診断書
☑　本人情報シート写し
☑　本人の健康状態に関する資料
☑　本人の成年被後見人等の登記がされていないことの証明書
☑　本人の財産に関する資料
☑　本人の収支に関する資料
☑（保佐又は補助開始の申立てにおいて同意権付与又は代理権付与を求める場合）
同意権，代理権を要する行為に関する資料（契約書写しなど）</td></tr>
</table>

※　太わくの中だけ記載してください。
※　該当する部分の☐にレ点（チェック）を付してください。

同意書（保佐用）

※　該当する部分の□にレ点（チェック）を付してください。

以下のとおり，保佐人に代理権を付与することに同意します。

□（申立書別紙の代理行為目録と同じ場合）

申立書別紙の代理行為目録記載の行為のとおり

□（申立書別紙の代理行為目録と異なる場合）

別紙代理行為目録記載の行為のとおり

（代理行為目録を作成し，この同意書に別紙として付けてください。）

令和　　年　　月　　日

本人の署名押印　　　　　　　　　　　　　　印

同　意　書（補助用）

※　該当する部分の□にレ点（チェック）を付してください。

□　私に対して「補助開始の審判」を行うことについて同意します。

□　以下のとおり，補助人に同意権・取消権を付与することに同意します。

　□（**申立書別紙の同意行為目録と同じ場合**）

　　申立書別紙の同意行為目録記載の行為のとおり

　□（**申立書別紙の同意行為目録と異なる場合**）

　　別紙同意行為目録記載の行為のとおり

　　（同意行為目録を作成し，この同意書に別紙として付けてください。）

□　以下のとおり，補助人に代理権を付与することに同意します。

　□（**申立書別紙の代理行為目録と同じ場合**）

　　申立書別紙の代理行為目録記載の行為のとおり

　□（**申立書別紙の代理行為目録と異なる場合**）

　　別紙代理行為目録記載の行為のとおり

　　（代理行為目録を作成し，この同意書に別紙として付けてください。）

令和　　　年　　　月　　　日

本人の署名押印　　　　　　　　　　　　　　　　　　　　印

親族の意見書の記載例

後見開始・保佐開始・補助開始の手続では，本人（援助を必要とされている方）の親族の方の御意見も参考にして，本人に後見・保佐・補助を開始することや成年後見人・保佐人・補助人（本人の援助を行う方）として誰が適任なのかを判断します。

【例】　本人の親族である甲野冬子さん（続柄：本人の長女）が，本人甲野太郎さんの成年後見人（保佐人・補助人）として，候補者である甲野夏男さんがふさわしいとお考えになった場合は，以下のような記載になります。

親　族　の　意　見　書

1　私は，本人（**氏名　甲野　太郎**）の（**続柄　長女**）です。

2　本人について後見（保佐・補助）を開始することに関する私の意見は以下のとおりです。

☑　賛成である。

□　家庭裁判所の判断に委ねる。

□　反対である。
【反対の理由】
□　後見（保佐・補助）を開始するほど判断能力は低下していない。
□　理由は次のとおりである。（※　書き切れない場合には別紙を利用してください。）

3　本人の成年後見人（保佐人・補助人）の選任に関する私の意見は以下のとおりです。

候補者氏名（　**甲野　夏男**　）が選任されることについて
（候補者がいない場合には，家庭裁判所が選ぶ第三者が選任されることについて）
※　候補者氏名については申立人が記入してください。

☑　賛成である。

□　家庭裁判所の判断に委ねる。

□　反対である。又は意見がある。
理由は次のとおりである。（※　書き切れない場合には別紙を利用してください。）

令和　**○**　年　**○**　月　**○**　日

（〒**○○○－○○○○**）

住　所　**○○県○○市○○町○○番○○号**

氏　名　**甲野　冬子**　㊞

平日（午前９時～午後５時）の連絡先：電話　**○○○　（○○○○）　○○○○**
（☑携帯　□自宅　□勤務先）

親族の意見書について

1　後見開始・保佐開始・補助開始の手続では，本人（援助を必要とされている方）の親族の方の意見も参考にして，本人に後見・保佐・補助を開始することや成年後見人・保佐人・補助人（本人の援助を行う方）として誰が適任なのかを判断します。

2　意見を伺う親族の範囲は，仮に本人が亡くなった場合に相続人となる方々（この方々を「推定相続人」といいます。）です。具体的には次のとおりとなります。

(1)　本人に配偶者がいる場合

①（子どもがいる場合）配偶者と子ども
（子どもが亡くなっていて孫がいる方については孫）

②（子どもや孫がいない場合）配偶者と父母
（父母がともに亡くなっていて祖父母がいる方については祖父母）

③（子どもや孫，父母や祖父母がいない場合）配偶者と兄弟姉妹
（兄弟姉妹が亡くなっていて甥や姪がいる方については甥や姪）

(2)　本人に配偶者がいない場合

①（子どもがいる場合）子ども
（子どもが亡くなっていて孫がいる方については孫）

②（子どもや孫がいない場合）父母
（父母がともに亡くなっていて祖父母がいる方については祖父母）

③（子どもや孫，父母や祖父母がいない場合）兄弟姉妹
（兄弟姉妹が亡くなっていて甥や姪がいる方については甥や姪）

3　申立人は，必要な人数分だけ親族の意見書の様式をコピーして使用してください。上記2記載に該当する親族の方にこの意見書を作成してもらった上で申立書に添付してください。

4　申立人，候補者の方は，意見書の提出は不要です。

5　意見書を提出されなかった親族の方については，家庭裁判所から書面で意見の照会を行うことがあります。

6　家庭裁判所の判断によっては，候補者以外の方が成年後見人等に選任されることがあります。

第３章　成年後見制度の利用支援・利用促進

はじめに

判断能力も身寄りもお金もないという３つの“ない”という状態が重なった人は，最も公的な支援を要する人である。特に社会福祉基礎構造改革後は，社会連帯思想に基づいて，社会保険料と税金を投入し，本人との契約によって福祉サービスを提供することとされたのである。そうすると，福祉サービスの利用について最もニーズの高い者に対して，本人の自己決定権（支援付の自己決定権の保障）に基づく福祉サービスの提供がなされなければならないにもかかわらず，最もニーズの高い者が制度を利用することができないという逆説が生じてしまう。

判断能力が不十分になった人がいるとしても，その人に身寄りがあって親身にお世話してくれる人がいる限り，本人の自己決定を実現していく手段はさまざまな形で考えられるだろう。また，判断能力が不十分になった人がお金を持っている限り，判断能力が不十分になってしまう前に支援システム（準委任契約・信託設定等）を準備しておくことが可能であるのはもちろんのこと，そうでないとしても本人のお金を使って事務管理などによって本人の自己決定を実現していく手段はある。

しかしながら，判断能力も身寄りもお金もないという状態であれば，本人の自己決定を実現していく手段は急激に狭まっていく。なぜそうなってしまうかというと，本人の自己決定を実現するために本人の財産を管理する行為は，私的な行為であって，私的な行為に対しては本人が費用を負担して管理を求めるべきであり，公的な資金で賄うべきではないという考え方があるからである。

つまり，わが国の制度には，公的後見制度がないのであり，成年後見制度を活用するにしても，本人の財産から必要な費用と成年後見人の報酬を負担して行うのが原則と考えられてきたからにほかならない。しかし，少なくとも本人への権利侵害がある場合には，公的な費用をもって権利侵害に対処できる公的後見制度があってしかるべきではないかと思われる。また，お金の問題だけであれば，公的後見制度を創設するのでなくても，生活保護費の中に後見扶助という項目が新設されれば解決可能になりうる。

1　市町村長の申立権

第２章で述べたように，身寄りがなかったり，身寄りがあっても誰も申し立ててくれなかったりする場合，本人の福祉を図るため特に必要があると認めるときは，市町村長が成年後見開始審判等の申立権を有している（老人福祉法32条・知的障害者福祉法28条・精神保健及び精神障害者福祉に関する法律51条の11の2)。これは，成年後見制度の利用が親族等の申立てによって始まるものとされており，職権に基づく成年後見制度の利用を認めていないことから，身寄りのない認知症高齢者・知的障がい者・精神障がい者などについて，適切に成年後見制度の利用につながるように申立人を確保するための制度である。

しかし，成年後見制度の利用に関して，判断能力が不十分な人にとってのハードルは，申立人の確保にとどまらない。成年後見制度の利用に関するハードルは，もう一つお金の問題がある。成年後見制度は，判断能力が不十分な人の私的な利益を保護するための財産管理制度として，民法上に設けられた制度であり，家庭裁判所は，後見人及び被後見人の資力その他の事情によって，被後見人の財産の中から，相当な報酬を後見人に与えることができるとされている（民862条。852条・876条の3第2項・876条の5第2項・876条の8第2項・876条の10第1項でそれぞれ民862条を準用。)。そうすると，いかに支援の必要性が高くても，報酬を支払えない者は，成年後見人等の担い手を確保することが困難となり，その結果，成年後見制度を利用することが難しくなってしまう。この報酬につき，資産のない者に対する成年後見制度の利用を保障するために，成年後見制度利用支援事業が設けられているのである。

2　成年後見制度利用支援事業の概要

資産のない者に対する成年後見制度の利用を保障するための制度として，成年後見制度の申立費用や成年後見人等の報酬を市区町村が助成する制度がある。これが成年後見制度利用支援事業である。

成年後見制度利用支援事業とは，「介護保険サービス，障害者福祉サービスの利用等の観点から，認知症高齢者又は知的障害者にとって，成年後見制度の利用が有効と認められるにも関わらず，制度に対する理解が不十分であることや費用負担が困難なこと等から利用が進まないといった事態に陥らないために，市町村が行う成年後見制度の利用を支援する事業に対して補助を行うもの」（平成 13 年 5 月 25 日老発第 213 号厚生労働省老健局長「介護予防・地域支え合い事業実施要綱」，平成 14 年 5 月 20 日老発第 0520005 号により一部改正）というものである。

この事業では，成年後見制度利用促進のため，「助成対象経費」として，「成年後見制度の申立てに要する経費（登記手数料，鑑定費用等）及び後見人等の報酬の全部又は一部」が挙げられている。成年後見制度利用支援事業は，認知症高齢者に対しては，介護保険法に基づく要綱事業として，厚生労働省老健局長通知「地域支援事業実施要綱」による市区町村の任意事業とされている。知的障害者および精神障害者に対しては，障害者総合支援法に基づく要綱事業として，厚生労働省社会・援護局障害保健福祉部長通知「地域生活支援事業実施要綱」による市区町村の必須事業とされている。

成年後見制度利用支援事業の対象者は，従来は 1 で述べた市町村長の申立てによって成年後見開始審判がなされた場合に限定されていた。つまり，申立権を有する親族がいない場合，あるいは，親族がいてもその親族が虐待している場合などの限られた場合に対応するものと考えられていたのである。しかし，平成20年4月からは，知的障害者および精神障害者に関して，成年後見利用支援事業の対象者は，市町村長の申立てがなされた場合に限定しないことが明らかにされた。また，認知症高齢者に関しても，平成20年10月24日付の厚生労働省老健局計画課長の「成年後見制度利用支援事業に関する照会について」により，成年後見制度利用支援事業において補助対象となるのは，市町村長申立てがなされた場合に限られず，本人申立てや親族申立て等の場合についても対象となりうることが示されている。

もっとも，成年後見制度利用支援事業の補助率は，国が2分の1以内，都道府県・市町村が各4分の1以内とされており，市町村等の独自の基準として市町村長の申立てを要件としている場合が多いようである。詳しくは，それぞれの市町村のホームページ上で確認するしかない。したがって，3つの“ない”状態が重なっている人に対して，成年後見制度による支援は一応の対応システムが設けられているとは評価できるが，事業として取り組まれているからといって，本当に成年後見のニーズがある人に支援事業が実施されるという保障はないといわざるを得ず，後述する成年後見制度利用促進基本計画においても，成年後見制度利用支援事業の整備・拡充が進むことが望ましい旨が定められている。

---

3 高齢者虐待防止法と利用支援

老人福祉法32条の2は，（後見等に係る体制の整備等）という見出しのもと，1項で，市町村は，成年後見開始審判等の請求の円滑な実施に資するよう，民法に規定する後見，保佐及び補助の業務を適正に行うことができる人材の育成及び活用を図るため，研修の実施，後見等の業務を適正に行うことができる者の家庭裁判所への推薦その他の必要な措置を講ずるよう努めなければならないと定め，2項で，都道府県は，市町村と協力して後見等の業務を適正に行うことができる人材の育成及び活用を図るため，前項に規定する措置の実施に関し助言その他の援助を行うように努めなければならないと定めている。

また，「高齢者虐待の防止，高齢者の養護者に対する支援等に関する法律」(以下，単に「高齢者虐待防止法」という。）28条は，（成年後見制度の利用促進）という見出しのもと，「国及び地方公共団体は，高齢者虐待の防止及び高齢者虐待を受けた高齢者の保護並びに財産上の不当取引による高齢者の被害の防止及び救済を図るため，成年後見制度の周知のための措置，成年後見制度の利用に係る経済的負担の軽減のための措置等を講ずることにより，成年後見制度が広く利用されるようにしなければならない。」と定めている。

さらに，介護保険法115条の45第2項は，市町村は，介護予防・日常生活支援総合事業のほか，被保険者が要介護状態等となることを予防するとともに，要介護状態等となった場合においても，可能な限り，地域において自立した日常生活を営むことができるよう支援するため，地域支援事業として，次に掲げる事業を行うものとするとして，その2号で，被保険者に対する虐待の防止及びその早期発見のための事業その他の被保険者の権利擁護のため必要な援助を行う事業を挙げている。

以上のように，老人福祉法では，認知症高齢者に対する「ささえるアドボカシー」としての成年後見制度の体制整備を考慮しているようである。また高齢者虐待防止法や介護保険法では，認知症高齢者等への虐待に対する「たたかうアドボカシー」としての成年後見制度の活用を考慮しているようである。いずれにしても，現在の老々介護状況（高齢者が高齢者をささえている状況）あるいは認々介護状況（認知症高齢者が認知症高齢者をささえている状況）のもとでは，ほかに身寄りがなかったり，手続のためのお金がなかったりすることもありうるのであるから，成年後見制度利用支援事業の整備が重要となる。

4　障害者虐待防止法と利用支援

知的障害者福祉法28条の2は，（後見等を行う者の推薦等）という見出しのもと，1項で，市町村は，成年後見開始審判等の請求の円滑な実施に資するよう，民法に規定する後見，保佐及び補助の業務を適正に行うことができる人材の活用を図るため，後見等の業務を適正に行うことができる者の家庭裁判所への推薦その他の必要な措置を講ずるよう努めなければならないと定め，2項で，都道府県は，市町村と協力して後見等の業務を適正に行うことができる人材の活用を図るため，前項に規定する措置の実施に関し助言その他の援助を行うように努めなければならないと定めている。

精神保健及び精神障害者福祉に関する法律（以下，単に「精神保健福祉法」という。）51条の11の3は，（後見等を行う者の推薦等）という見出しのもと，1項で，市町村は，成年後見開始審判等の請求の円滑な実施に資するよう，民法に規定する後見，保佐及び補助の業務を適正に行うことができる人材の活用を図るため，後見等の業務を適正に行うことができる者の家庭裁判所への推薦その他の必要な措置を講ずるよう努めなければならないと定め，2項で，都道府県は，市町村と協力して後見等の業務を適正に行うことができる人材の活用を図るため，前項に規定する措置の実施に関し助言その他の援助を行うように努めなければならないと定めている。

また，「障害者虐待の防止，障害者の養護者に対する支援等に関する法律」（以下，単に「障害者虐待防止法」という。）44条は，（成年後見制度の利用促進）という見出しのもと，「国及び地方公共団体は，障害者虐待の防止並びに障害者虐待を受けた障害者の保護及び自立の支援並びに財産上の不当取引による障害者の被害の防止及び救済を図るため，成年後見制度の周知のための措置，成年後見制度の利用に係る経済的負担の軽減のための措置等を講ずることにより，成年後見制度が広く利用されるようにしなければならない。」と定めている。

さらに，「障害者の日常生活及び社会生活を総合的に支援するための法律」（以下，単に「障害者総合支援法」という。）77条は，（市町村の地域生活支援事業）の見出しのもと，1項4号で，「障害福祉サービスの利用の観点から成年後見制度を利用することが有用であると認められる障害者で成年後見制度の利用に要する費用について補助を受けなければ成年後見制度の利用が困難であると認められるものにつき，当該費用のうち厚生労働省令で定める費用を支給する事業」を，同5号で，障害者に係る「後見，保佐及び補助の業務を適正に行うことができる人材の育成及び活用を図るための研修を行う事業」を市町村の地域生活支援事業として定めている。

以上のように，知的障害者福祉法及び精神保健福祉法並びに障害者総合支援法では，障がい者に対する「ささえるアドボカシー」としての成年後見制度の体制整備を考慮しているようである。また障害者虐待防止法では，障がい者への虐待に対する「たたかうアドボカシー」としての成年後見制度の活用を考慮している。いずれにしても，障がい者には，身寄りがなかったり，手続のためのお金がなかったりすることがありうるのであるから，成年後見制度利用支援事業の整備が必要となる。

5　成年後見制度利用促進法の概要

成年後見制度は，認知症高齢者・知的障がい者・精神障がい者の財産管理・日常生活支援に重要な手段であるにもかかわらず，必ずしも十分に利用されていないことに鑑みて，「成年後見制度の利用の促進に関する法律」（以下，単に「成年後見制度利用促進法」という。）が平成28（2016）年4月15日に公布された。

成年後見制度利用促進法は，成年後見制度の利用促進につき，基本理念を定めて国の責務等を明らかにし，基本方針その他の事項を定め，成年後見制度の利用の促進に関する施策を総合的かつ計画的に推進することを目的としている（1条）。このような目的のもと，政府は，成年後見制度の利用促進のため，目標・総合的かつ計画的に講ずべき施策などを定める基本計画を定めなければならないとされた（同12条）。

政府は，関係行政機関相互の調整を行うことにより，成年後見制度の利用の促進に関する施策の総合的かつ計画的な推進を図るため，「成年後見制度利用促進会議」を設けるものとし（同13条1項），関係行政機関は，成年後見制度の利用の促進に関し専門的知識を有する者によって構成する「成年後見制度利用促進専門家会議」を設け，その調整を行うに際しては，その意見を聴くものとされた（同条2項）。

そして，平成29（2017）年3月24日には，成年後見制度利用促進基本計画が閣議決定され，公表されるに至った成年後見制度利用促進基本計画のポイントは，次の3つであると示されている。

① 利用者がメリットを実感できる制度・運用の改善：成年後見制度について，利用者に寄り添った運用が図られるべきであるとして，財産管理面だけでなく，意思決定支援や身上保護も重視した適切な後見人の選任や交代が適切になされるべきであるとするとともに，診断書のあり方も検討することとされている。

② 権利擁護支援の地域連携ネットワークづくり：全国どの地域に住んでいても，成年後見のニーズを満たせるような地域体制の構築が目指され，制度の広報・制度利用の相談・マッチング・後見人支援等の機能を整備し，本人を見守る「チーム」・地域の専門職団体の協力体制（協議会）・コーディネートを行う中核機関（センター）の整備が課題とされている。

③ 不正防止の徹底と利用しやすさとの調和：後見制度支援信託に並立・代替する新たな方策の検討を行うものとされている。

この計画の対象期間は，平成29年度から平成33年度までのおおむね5年とされており（基本計画(2)），基本計画の実施には具体的な工程表が示されているため（同別紙），国・地方公共団体・関係団体等は，それを踏まえて，各施策の段階的・計画的な推進に取り組むべきであるとされている（同(3)）。

以上のポイントのうち，①については，本書第2章3(2)で述べた「診断書作成の手引」と「本人情報シート作成の手引」が整えられることとなった。②については，地域連携ネットワークの中核機関・権利擁護センター等の設置が進められている。令和元年7月1日時点では，中核機関は139の自治体で設置済み，権利擁護センター等は434の自治体で設置済みとされている（成年後見制度利用促進専門家会議第１回中間検証ＷＧ資料より）。今後も中核機関等の設置は進められるが，予算の確保や委託予定先機関との調整などが課題とされている。その他の取組みとしては，市民後見人の育成，市町村長の申立て，成年後見制度利用支援事業の推進などが重要であるが，それぞれ取組み現場では努力が続いているが，残念ながらそれほど活性化していないのが現状である。

現在，前述した「成年後見制度利用促進専門家会議」において議論が続けられているが，①のポイントについては，さらに，「本人の生活状況等を踏まえ，本人の利益保護のために最も適切な後見人を選任することができるための方策の検討」がなされており，中核機関等によるマッチング機能の充実とともに意思決定支援や身上保護も重視した後見事務の実現という観点から，親族後見人等に対する中核機関による支援の状況を踏まえた後見人となるのにふさわしい親族後見人の選任や市民後見人・法人後見人等の積極的な活用などについても検討されている。また，同専門家会議では，後見人が本人の特性に応じた適切な配慮を行うことができるよう，意思決定支援のあり方についての指針の策定に向けた検討も行われている。

6　成年後見関係事件の概況の推移

成年後見制度の受皿のあり方に関しては，「成年後見制度利用促進専門家会議」で検討されているとおりである。受皿問題は，直接的には①の問題であるが，間接的には③の不正防止の問題でもある。なぜなら，急激に受皿を拡大して利用者の便益を増大させようとすると，支援者に対する監督が手薄になって不祥事の増大を避けられないからである。最高裁判所事務総局家庭局が毎年公表している「成年後見関係事件の概況」において，成年後見人と本人との関係の推移を表にすると（各数字の小数点第二位以下は四捨五入），次の表２のとおりとなっている。

このように見てみると，成年後見人と本人との関係は，たとえば平成12年

表 2　成年後見人と本人との関係（平成 12 年度〜平成 19 年度までは，毎年 4 月から翌年 3 月までの申立件数。平成 20 年度以降は毎年 1 月から 12 月までの申立件数）

(%)	親	子	兄弟姉妹	配偶者	その他親族	弁護士	知人	法人	司法書士	社会福祉士	その他
H12 年度	9.6	34.5	16.1	18.6	12.1	4.6	0.9	0.4	−	−	3.2
H13 年度	8.5	32.6	17.6	14.2	13.0	7.7	0.9	0.6	−	−	4.9
H14 年度	10.7	30.8	17.2	12.7	12.7	7.0	0.7	0.6	5.7	1.3	0.6
H15 年度	12.5	29.2	16.9	10.8	13.1	6.6	0.7	0.5	7.0	2.2	0.5
H16 年度	11.3	29.5	16.8	9.4	12.5	7.2	0.7	0.7	8.1	2.8	1.0
H17 年度	10.7	30.4	15.6	8.5	12.2	7.7	0.5	1.0	8.2	3.3	1.9
H18 年度	28.2	21.3	18.2	6.0	9.2	5.2	0.4	1.2	6.3	2.9	1.2
H19 年度	7.9	31.7	12.0	8.6	12.0	7.7	0.5	1.8	10.5	5.3	1.9
H20 年度	6.2	32.5	11.0	7.6	11.2	9.1	0.5	2.0	11.4	6.6	2.0
H21 年度	5.1	30.9	9.8	6.8	10.9	9.1	0.5	2.6	13.6	8.1	2.5
H22 年度	4.4	28.8	8.8	5.7	10.9	10.2	0.5	3.4	15.6	8.9	2.9
H23 年度	4.1	28.7	8.0	5.5	9.4	11.1	−	3.8	16.5	9.3	−
H24 年度	3.7	25.3	7.2	4.3	8.0	14.3	−	4.0	19.8	9.7	−
H25 年度	2.9	22.8	6.1	3.5	6.9	17.6	−	4.6	21.9	10.0	−
H26 年度	2.5	18.7	5.1	3.1	5.6	20.4	−	5.4	25.6	9.9	−
H27 年度	2.3	15.8	4.2	2.4	5.1	22.9	−	5.7	27.0	10.7	−
H28 年度	2.1	15.2	3.8	2.4	4.7	23.2	−	6.3	27.1	11.5	−
H29 年度	2.0	14.2	3.6	2.2	4.3	22.3	−	7.0	28.0	12.4	−
H30 年度	1.8	12.1	3.6	2.0	3.9	22.5	−	7.7	29.0	13.3	−

度では，約 91％が親族後見人であって，当初は圧倒的に親族後見人が多かった。しかし，平成 24 年度には親族後見人の割合が 5 割を下回ることとなり，平成 25 年度になると，第三者後見人が 54.1％となり，親族後見人 42.2％を大きく上回ることとなった。その後も一貫して第三者後見人の割合が増大している。

市民後見人については，平成 23 年度には 92 名，平成 24 年度には 131 名，平成 25 年度には 167 名，平成 26 年度には 213 名，平成 27 年度には 222 名，平成 28 年度には 264 名，平成 29 年度には 289 名，平成 30 年度には 320 名がそれぞれ選任されており，徐々にではあるが，一貫して増加傾向を示している。なお，市民後見人とは，弁護士，司法書士，社会福祉士，税理士，行政書士及び精神保健福祉士以外の自然人のうち，本人と親族関係（六親等内の血族，配偶者，三親等内の姻族）及び交友関係がなく，社会貢献のため，地方自治体等が行う後見人養成講座などにより成年後見制度に関する一定の知識や技術・態度を身に付けた上，他人の成年後見人等になることを希望している者を選任した場合をいうものと定義されている。

しかし，成年後見制度の利用者数は累積していっており，平成 25 年 12 月末時点での利用者数は 17 万 6,564 人，平成 26 年 12 月末時点での利用者数は 18 万 4,670 人，平成 27 年 12 月末時点での利用者数は 19 万 1,335 人，平成 28 年 12 月末時点での利用者数は 20 万 3,551 人と 20 万人を超えるに至っており，平成 29 年 12 月末時点では，21 万 0,290 人，平成 30 年 12 月末時点では，21 万 8,142 人となっている。

したがって，今後の成年後見制度の利用促進については，最も適切な後見人等の確保が重要となるとともに，成年後見制度利用促進基本計画のポイント③の「不正防止の徹底と利用しやすさとの調和」も同時に視野に入れていかなければならない。

第４章　成年後見等開始の審判

はじめに

成年後見開始審判等の申立てから審判がなされるまでの手続の流れは，次の図３のようになる。

図３　成年後見開始審判等の申立てから審判までの流れ

申立て：成年後見開始審判・保佐開始審判・補助開始審判の請求

⬇

事件関係人の呼出し・職権事実調査・証拠調べ等（家手 51 条～ 64 条）

⬇

鑑定の要否の判断（同 119 条・133 条）・医師の意見聴取（同 138 条）

⬇

本人等の陳述の聴取（同 120 条・130 条・139 条）

⬇

後見開始等の審判：申立人，本人，後見人等に通知・告知（同 122 条・131 条・140 条）

1　成年後見開始審判等の審判手続

成年後見制度は，本人の権利を制限する側面を有しているため，安易に判断能力の低下状況を判断してよいものではない。したがって，家庭裁判所は，成年後見開始審判及び保佐開始審判をする場合には，原則として，精神鑑定を行わなければならないと定めている（家手119条1項・133条)。ただし，補助開始審判をする場合には，本人の権利制限的効果が強くないため，精神の状況につき医師その他適当な者の意見を聴かなければならないと定めている（同138条)。鑑定書は，書式14のようなものである。鑑定書記載のガイドラインは，書式8のように示されている。

もっとも，以上は原則であって，本人に判断能力がないことが明白である場合など，明らかに精神鑑定の必要がないと家庭裁判所が認めるときには，精神鑑定を行わなくても成年後見開始審判や保佐開始審判を行うことができるとされている（同119条1項ただし書，133条)。そうでなければ，支援が必要な人に不必要なコストを負担させることになってしまうのであって，明らかに精神鑑定が必要でない場合にまでコストを負担させるべきではない。しかし，あまり安易に「明らか」と判断してしまうと，本人の権利を制限してしまう恐れがあることにも注意が必要である。現状では，8％程度しか精神鑑定がなされていないようである（最高裁判所事務総局家庭局「成年後見関係事件の概況　平成30年1月～12月」9頁)。

なお，本人の権利を尊重するために，家庭裁判所は，成年後見開始審判等を行うためには，本人の意思を確認しなければならないとするとともに（家手120条・130条・139条)，補助の場合には，本人以外が申立てをする場合には本人の同意を要件とすることとしている（民15条2項)。本人の意思や同意を確認する場合には，基本的に家庭裁判所調査官による本人調査が行われることになる。

家事事件手続法40条1項は，家庭裁判所は，原則として，参与員の意見を聴いて審判するものとしており，成年後見開始審判等の申立てがなされた場合，同条3項に基づいて，参与員が意見を述べるために申立人から説明を聴取することも多いとされている。成年後見開始審判は，**審判書1**のような形でなされる。

---

2 成年後見開始審判等の効果

① 成年後見開始審判の効果

成年後見開始審判がなされると，成年被後見人の法律行為に関する行為能力が制限され，その行為は取り消すことができるようになる（民9条）。ただし，日常生活に関する行為については取消の対象とならない（同条ただし書）。

成年被後見人の行為能力が制限されるため，成年後見人は，被後見人の財産を管理し，かつ，その財産に関する法律行為について被後見人を代表する（民859条1項）。ただし，成年被後見人の行為を目的とする債務を生ずべき場合には，本人の同意を得なければならない（民859条2項による民824条ただし書の準用）。

成年後見人が，成年被後見人に代わって，その居住の用に供する建物又はその敷地について，売却，賃貸，賃貸借の解除又は抵当権の設定その他これらに準ずる処分をするには，家庭裁判所の許可を得なければならない（民859条の3）。居住用不動産の処分（これがなされると，自宅に居住している被後見人は転居しなければならないこととなるし，施設や病院に入所・入院している被後見人は自宅に帰る可能性がなくなることとなる。）は，被後見人の心身の状態に及ぼす影響が大きく，財産管理にとどまらない身上配慮が必要な事務だからである。成年後見人が複数ある場合には，家庭裁判所は，職権で，成年後見人の事務の分掌を定めることもできる（民859条の2）。

② 保佐開始審判の効果

保佐開始審判がなされると，被保佐人は，民法に列挙された重要な法律行為に関する行為能力が制限されることとなり（日常生活に関する法律行為を除く。），それらの法律行為をなすには，保佐人の同意を得なければならない（民13条1項1号ないし10号）。しかしそこに列挙されている事項以外でも，家庭裁判所が保佐人の同意を得なければならない旨の審判をすることができる（同条2項）。

民法13条1項の列挙事項以外に同意権の範囲を拡張する審判を求めるには，第２章に引用した書式２では，申立ての趣旨の保佐開始審判における「本人が民法13条1項に規定されている行為のほかに，下記の行為（日用品の購入その他日常生活に関する行為を除く。）をするにも，保佐人の同意を得なければならないとの審判を求める。」の□欄にチェックマークを入れて，その下に具体的な行為を記載することになる。

保佐人が理由もなく同意しない場合には，被保佐人は，家庭裁判所に「同意に代わる許可」を求めることができる（同条3項）。被保佐人が保佐人の同意を得なければならない法律行為をなした場合，その行為は取り消すことができる（同条4項）。

家庭裁判所は，保佐開始審判の申立権者（民11条本文に規定する者）または保佐人もしくは保佐監督人の請求によって，被保佐人のために特定の法律行為について，保佐人に代理権を付与する旨の審判・その取消の審判をすることができる（民876条の4第1項・3項）。本人以外の者の請求によって，代理権付与の審判をするには，本人の同意がなければならない（同条2項）。保佐人に対する代理権付与の審判を求めるには，第２章に引用した書式２の統一書式では，申立ての趣旨の保佐開始審判における「本人のために別紙代理行為目録記載の行為について保佐人に代理権を付与するとの審判を求める。」の□欄にチェックマークを入れることになる。代理行為目録は，第２章に引用した書式３のとおりであり，代理権付与に対する被保佐人の同意書は，第２章に引用した資料５のとおりである。

居住用不動産の処分については，被保佐人の心身の状態に及ぼす影響の重大さに鑑み，保佐の場合にも家庭裁判所の許可を得なければならないこととされている（民876条の5第2項）。

③　補助開始審判の効果

補助開始審判がなされても，被補助人の行為能力が当然に制限されることにはならない。民法は，一律に被補助人の行為能力を制限するのではなく，家庭裁判所が，被補助人が特定の法律行為をするには補助人の同意を得なければならない旨の審判をすることができるにとどめている。ただし，その審判により補助人の同意を得なければならないものとすることができる行為は，被保佐人に関する行為能力制限リストに含まれる行為（民13条1項）に規定する行為の一部に限られる（民17条1項）。

補助人に同意権を付与する旨の審判を求めるには，第2章に引用した書式2の統一書式では，申立ての趣旨の補助開始審判における「本人が別紙同意行為目録記載の行為（日用品の購入その他日常生活に関する行為を除く。）をするには，補助人の同意を得なければならないとの審判を求める。」の□欄にチェックマークを入れることになる。同意行為目録は，第2章に引用した書式4のとおりであり，同意権付与に対する被補助人の同意書は，第2章に引用した資料6のとおりである。

本人以外の者の請求によってこの審判をするには，本人の同意がなければならない（同条2項）。家庭裁判所が指定した行為について，補助人が理由もなく同意しない場合には，被補助人は，家庭裁判所に「同意に代わる許可」を求めることができる（同条3項）。家庭裁判所が指定した行為について，被補助人が同意を得ないで行為した場合，その行為は取り消すことができる（同条4項）。

家庭裁判所は，補助開始審判の申立権者（民15条第1項本文に規定する者）または補助人もしくは補助監督人の請求によって，被補助人のために特定の法律行為について補助人に代理権を付与する旨の審判・その取消の審判をすることができる（民876条の9第1項・2項）。本人以外の者の請求によって，代理権付与の審判をするには，本人の同意がなければならない（民876条の9第2

項による民 876 条の 4 第 2 項の準用)。補助人に対する代理権付与の審判を求めるには，第２章に引用した書式２の統一書式では，申立ての趣旨の補助開始審判における「本人のために別紙代理行為目録記載の行為について補助人に代理権を付与するとの審判を求める。」の□欄にチェックマークを入れることになる。代理行為目録は，第２章に引用した書式３のとおりであり，代理権付与に対する被補助人の同意書は，第２章に引用した資料６のとおりである。

居住用不動産の処分については，被補助人の心身の状態に及ぼす影響の重大さに鑑み，補助の場合にも家庭裁判所の許可を得なければならないこととされている（民 876 条の 10 第 1 項)。

3　成年後見開始審判等と同意権・取消権

成年後見類型では，成年後見人が成年被後見人の法律行為について事前に同意していたとしても，成年被後見人がその同意に従って適切に法律行為を行うことができるとは限らない。したがって，成年後見開始審判がなされると，成年後見人は，日常生活に関する行為を除き，成年被後見人の法律行為を取り消すことができることとしている。

保佐類型では，被保佐人保護の実効性確保という観点から，民法 13 条 1 項のリストに挙げられている重要な法律行為について，日常生活に関する行為を除き，保佐人に同意権を付与することとしている（民 13 条 1 項)。そして，被保佐人保護の必要性の程度に応じて，その対象となる法律行為の範囲を拡張することができるものとしている（同条 2 項)。

保佐人の同意を得なければならない行為について，保佐人が被保佐人の利益を害するおそれがないにもかかわらず同意をしないときは，家庭裁判所は，被保佐人の請求により，保佐人の同意に代わる許可を与えることができる（同条 3 項)。そして，保佐人の同意を得なければならない行為であって，その同意又はこれに代わる許可を得ないでしたものは，取り消すことができるとしている（同条 4 項)。

補助類型では，被補助人は判断能力の低下はあるものの，一定の判断能力は維持しているのであるから，成年後見類型や保佐類型とは異なり，自己決定権を尊重するという観点から，同意権・取消権の付与を選択的な保護手段とし，被補助人本人の意思（申立て又は同意）によって同意権・取消権の付与を選択した場合にのみ，補助人に同意権・取消権が付与される。

その場合，補助人の同意を得なければならない行為について，補助人が被補助人の利益を害するおそれがないにもかかわらず同意をしないときは，家庭裁判所は，被補助人の請求により，補助人の同意に代わる許可を与えることができる（民17条3項）。そして，補助人の同意を得なければならない行為であって，その同意又はこれに代わる許可を得ないでしたものは，取り消すことができるとしている（同条4項）。

---

4 成年後見開始審判等と代理権

成年後見類型では，成年後見人は，被後見人の財産を管理し，かつ，その財産に関する法律行為について被後見人を代表する（民859条1項）。保佐類型では，家庭裁判所は，被保佐人のために特定の法律行為について，保佐人に代理権を付与する旨の審判・その取消の審判をすることができる（民876条の4第1項・3項）。補助類型では，家庭裁判所は，被補助人のために特定の法律行為について補助人に代理権を付与する旨の審判・その取消の審判をすることができる（民876条の9第1項・2項）。

成年後見人等の権限については，医療行為に関する同意権限や死亡後の事務処理権限が含まれるかどうかが問題となっている。医療同意については，臓器移植の意思表示，不妊手術の選択，延命治療およびその中止などのように本人のアイデンティティに深くかかわる問題の場合，そのような判断は本質的に一身専属的なものであろう。したがって，それらはそもそも代理に親しまないものとして同意権限はないと考えざるをえない。そうだとすれば，それらの問題に対しては，適切な代行決定をなしうるようなシステムを立法化して解決するほかないであろう。

その他の医療行為については，医療行為（医的侵襲行為）の概念が非常に広汎であって，その内実を区別しないで論じても意味がないと思われる。日常的な医療行為については，推定的同意の法理で判断していいのではないかと思われる。推定的同意が正当なものと評価できるかどうかについては，基本的には，身近な家族による本人の意向の推定と医師の専門的判断とをすり合わせて，どのような行為が妥当であるかの選択がなされるべきである。立法論としては，家庭裁判所の許可を得て行うことができる等の措置を規定する必要はあるだろう。

死亡後の事務処理の権限については，従来から，①遺体の引取りや埋葬，②葬儀，③未払費用の支払，などが問題になるものとして挙げられていた。①遺体の引取りや埋葬，②葬儀については，祭祀承継者の権限になるとする解釈を前提とするならば，成年後見人等がその権限と義務を負っているわけではない。ただし，祭祀承継者に対する事務管理として成年後見人等が行うことは可能である（しかし，事務管理と解する限り，報酬請求はできないことになる。）。

③の未払費用の支払については，被後見人に関する生前に行った事務の費用を被後見人の死後に支払うことができるかという問題である。基本的には，支払をした場合は相続人に対する事務管理として処理しても問題がないと思われるが，裁判所による支払権限の付与等の簡易な措置が法定されていたほうが安心かつ明確であろう。そこで，平成 28 年 4 月，第 190 回通常国会で「成年後見制度の利用の促進に関する法律」とともに，「成年後見の事務の円滑化を図るための民法及び家事事件手続法の一部を改正する法律」（以下，単に「成年後見事務円滑化法」という。）が成立した。

成年後見事務円滑化法のポイントは，主として二つある。一つは，成年後見人が成年被後見人の郵便物等を管理することができるようにするもの（民 860 条の 2・3），もう一つは，成年被後見人が死亡した後も一定の行為をすることができる権限を付与するもの（民 873 条の 2），の二つである。

第1点については，これまでは成年被後見人に宛てた郵便物等を成年後見人が受け取ることができなかったのに対し，家庭裁判所が期間を定めて成年被後見人宛の郵便物等を成年後見人に配達するよう郵便事業者に嘱託することができ，成年後見人は郵便物等を開いてみることができるとするものである（民860条の2・3）。

第2点については，成年被後見人が死亡した場合，成年後見人の権限と義務が自動的に消滅するため，その後に必要な事務については事務管理として理解されていた。しかし成年後見事務円滑化法によって民法が改正され，相続財産に属する特定財産の保存行為（民873条の2第1号）と弁済期が到来している相続債務の弁済（同条2号）に関する成年後見人の権限を定め，さらに，家庭裁判所の許可のもとに死体の火葬・埋葬に関する契約の締結その他相続財産の保存行為（同条3号）に関する成年後見人の権限を定めている。

5　成年後見人等の選任

成年後見人等は，家庭裁判所が後見開始審判等と同時に職権によって選任する（民843条1項・876条の2第1項・876条の7第1項)。複数の成年後見人等を選任することも可能である（民843条3項・876条の2第2項・876条の7第2項)。複数後見の場合，家庭裁判所は，職権で，権限の共同行使や事務の分掌を定めることができる（民859条の2第1項)。成年後見人等の欠格事由は，①未成年者，②家庭裁判所で免ぜられた法定代理人・保佐人・補助人，③破産者，④被後見人に対して訴訟をし，またはした者ならびにその配偶者及び直系血族，⑤行方の知れない者である（民847条・876条の2第2項・876条の7第2項)。

成年後見人等を選任するには，成年被後見人等の心身の状態ならびに生活及び財産の状況，成年後見人等となる者の職業及び経歴ならびに成年被後見人等との利害関係の有無，成年被後見人等の意見その他一切の事情を考慮しなければならない（民843条4項・876条の2第2項・876条の7第2項)。また，法人を成年後見人等に選任することもできる（民 843 条 4 項括弧書・852 条・876 条の 2 第 2 項・876 条の 3 第 2 項・876 条の 7 第 2 項・876 条の 8 第 2 項)。

したがって，成年後見人等に誰が選任されるべきかについては，成年被後見人に必要な事務や財産状況などによって判断しなければならない。親族による後見は，一方では，成年被後見人等の成育歴などについて後見人がよく理解しているため，本人の身上に配慮した後見事務が期待できる面もあるが，他方では，親族であるがゆえに財産管理がおろそかになりやすい面もある。また，親族は，親族であるからこその主観的な思い込みが介入してしまい，客観的に適切な支援をしにくい面もあるのではないかと思われる。

これに対して，第三者による後見，特に専門職後見では，財産管理を重視することによって，本人の身上に配慮することがやや乏しくなってしまう面があるかもしれないが，客観的に適切な支援が期待できるように思われる。そうだとすれば，日常的な生活場面で本人の自己決定を尊重しなければならないような場合には親族による後見が妥当であるともいいうる。しかし，専門的な知識が必要な財産を適切に管理しなければならなかったり，身上配慮に専門的な知識が必要だったりする場合には，親族による後見よりも専門職後見のほうが妥当であろう。

成年後見等の開始後，成年後見人等が欠けることとなったときは，家庭裁判所は，成年被後見人・その親族・その他の利害関係人の請求により，または職権で，成年後見人を選任することとなる（民 843 条 2 項・876 条の 2 第 2 項・876 条の 7 第 2 項)。成年後見人が死亡したことによって，後任の成年後見人の選任審判を求める申立書は，書式 15 のようなものである。

6　開始審判・選任審判の変更・取消し・不服申立て

現行の家事法制において，事情変更に基づいて審判をなしうる場合には，変更審判と取消審判とがある。取消審判には，成年後見開始審判等の取消しがある。たとえば，成年後見開始審判では，「原因が消滅したとき」を理由とする審判の取消（民 10 条）が明文で定められている。その審判は，被後見人が事理弁識能力を喪失しているなどの原因に基づいてなされたものであり，事後的に被後見人が事理弁識能力を回復したのであれば，原因が消滅したものとして取り消されるべきである。そもそも成年後見開始審判がなされるのは，被後見人の身上配慮や財産管理のための必要性があるからにほかならないのであるから，審判後に被後見人が事理弁識能力を回復したのであれば，審判自体の必要性がなくなったのであり，実体法上も取消しの必要性を生じていることとなる。

また，後見人側の事情変更では，後見人としての職務を担当するに適さないような事情が後見人に発生した場合が典型的なケースであろう。そのような場合，被後見人にとって審判の必要性は存続しているのであるから，成年後見開始審判を取り消すべきではなく，また，後見人選任の審判を取り消すべきでもなく，直ちに解任等の審判によって問題のある後見人を職務から外す措置を採るべきである。したがって，事情変更に基づく変更や取消しの審判の必要性はない。

成年後見開始審判等に対する不服申立てについては，申立人を除いて，民法 7 条等に規定する申立権者が即時抗告をすることができる（家手 123 条 1 項 1 号）。もっとも，成年後見開始審判等に対する不服の対象は，後見開始自体に対するよりも，むしろ成年後見人の選任に対する不服が多いものと思われる。そこで成年後見人選任審判に対する不服申立てができるかどうかが問題となる。

この点については，従来より，後見人選任関連の審判では，後見人選任の申立てを却下した審判に対する即時抗告を否定したもの（大阪高決昭和 52 年 2 月 8 日家月 29 巻 9 号 82 頁），後見人選任の審判に対する即時抗告を否定したもの（大阪高決昭和 59 年 7 月 2 日判タ 537 号 223 頁，東京高決平成 12 年 4 月 25 日家月 53 巻 3 号 88 頁，東京高決平成 12 年 9 月 8 日家月 53 巻 6 号 112 頁）などがあった。

成年後見制度への改正後も，従来と同様に後見人選任の審判に対する即時抗告を否定したもの（広島高岡山支部決平成 18 年 2 月 17 日家月 59 巻 6 号 42 頁）がある。この決定では，「後見開始審判に対する即時抗告において，後見人選任の不当を抗告理由とすることはできず，抗告裁判所も原審判中の成年後見人選任部分の当否を審査することはできない。法は，後見人にその任務に適しない事由があるときには，家庭裁判所は，被後見人の親族等の請求により，これを解任することができる（民 846 条）などと定めるにとどめているものである。」と判示している。

鑑　　定　　書（成年後見用）

1 事件の表示	家庭裁判所 年(家)第　　　　号 後見開始の審判　・　保佐開始の審判 申立事件 （　　　　　　　　）
2 本人	氏名　　　　　　男・女 M・T・S・H　　　年　　月　　日生 （　　　歳） 住所
3 鑑定事項及び鑑定主文	鑑定事項 鑑定主文
4 鑑定経過	受命日　　　年　　月　　日 作成日　　　年　　月　　日　　　所要日数　　　日 本人の診察 参考資料
5 家族歴及び生活歴	

6 既往症及び現病歴	既往症 現病歴
7 生活の状況及び現在の心身の状態	日常生活の状況 身体の状態 ① 理学的検査 ② 臨床検査（尿，血液など） ③ その他

(7 生活の状況及び現在の心身の状態)	精神の状態 ① 見当識 ② 意識／疎通性 ③ 理解力・判断力 ④ 記憶力 ⑤ 計算力 ⑥ 現在の性格の特徴 ⑦ その他（気分・感情状態，幻覚・妄想，異常な行動等） ⑧ 知能検査，心理学的検査

8 説明	

以上のとおり鑑定する。

住所

所属・診療科

氏名　　　　　　　　　　　　　　　　印

受付印	
収入印紙　円	
予納郵便切手　円	
予納収入印紙　円	

家事審判申立書　事件名（成年後見人の選任　）

（この欄に申立手数料として１件について８００円分の収入印紙を貼ってください。）

印紙

（貼った印紙に押印しないでください。）

（注意）登記手数料としての収入印紙を納付する場合は，登記手数料としての収入印紙は貼らずにそのまま提出してください。

準口頭		関連事件番号　平成・令和　年（家　）第　号

○○　家庭裁判所 御中 令和 ○ 年 ○ 月 ○ 日	申立人 （又は法定代理人など） の記名押印	甲　野　秋　男　㊞

添付書類	※　必要な添付書類を提出していただきます。

申立人	本籍（国籍）	（戸籍の添付が必要とされていない申立ての場合は，記入する必要はありません。） 都道府県
	住所	〒 ○○○－○○○○　電話 ○○○（○○○）○○○○ ○○県○○市○町○番○号○○マンション○○号室 （　方）
	連絡先	〒　－　電話　（　） （注：住所で確実に連絡ができるときは記入しないでください。） （　方）
	フリガナ 氏名	コウノ　アキオ 甲野秋男 **昭和**・平成・令和 ○ 年 ○ 月 ○ 日生（○○ 歳）
	職業	会社員
※成年被後見人	本籍（国籍）	（戸籍の添付が必要とされていない申立ての場合は，記入する必要はありません。） 都道府県
	住所	〒　－　電話　（　） 申立人の住所と同じ （　方）
	連絡先	〒　－　電話　（　） （　方）
	フリガナ 氏名	コウノ　タロウ 甲野太郎 **昭和**・平成・令和 ○ 年 ○ 月 ○ 日生（○○ 歳）
	職業	無職

（注）　太枠の中だけ記入してください。
※の部分は，申立人，法定代理人，成年被後見人となるべき者，不在者，共同相続人，被相続人等の区別を記入してください。

別表第一（1/ 2 ）

申　立　て　の　趣　旨
成年被後見人の成年後見人として申立人を選任するとの審判を求めます。

申　立　て　の　理　由
1　申立人は，成年被後見人の長男です。
2　成年被後見人は，認知症の症状により，平成○○年○月○日，○○家庭裁判所において，後
見が開始され，成年後見人として，成年被後見人の父親である甲野夏男が選任されました。
3　甲野夏男がこれまで成年後見人の職務を行ってきましたが，令和○○年○○月○○日に死亡
しました。
4　後任の成年後見人としては，成年被後見人の長男であり，現在成年被後見人と同居している
申立人が適任であると考えます。
5　よって，申立ての趣旨のとおりの審判を求めます。

別表第一（２/２　）

［審判書１］

令和　　年（家）第　　　　　　号　後見開始の審判申立事件

審　　　　判

住所

　　　　申立人

本籍

住所

　　　　本　人

　　　　　　　　　　　　　　　　（昭和　　年　　月　　日生）

本件について、当裁判所は、その申立てを相当と認め、次のとおり審判する。

主　　　　文

１　本人について後見を開始する。

２　本人の成年後見人として次の者を選任する。

　　　住　所

　　　事務所

　　　氏　名

３　手続費用のうち、申立手数料、後見登記手数料、送達・送付費用及び鑑定費用は本人の負担とし、その余は申立人の負担とする。

令和　　年　　月　　日

○○家庭裁判所家事□部

　　　　　　　　　　　　　　　　裁判官

第５章　審判前の保全処分

はじめに

民事法の領域では，判決に基づく決着が図られるまでの間，暫定的に権利を保全しておかなければ，判決をもらっても意味がなくなってしまうことがある。そこで民事保全法が定められて，執行によって実現されるべき請求権を保全するための暫定的措置として，被保全権利の存在と保全の必要性を要件とし，現状変更を禁止（仮差押え・占有移転禁止の仮処分・処分禁止の仮処分など）したり，債権者のために一定の法律関係を形成（仮の地位を定める仮処分など）したりすることを認めている。

家事事件においても，一般の民事事件と同様に，家事審判に基づく決着が図られるまでの間，暫定的に権利を保全しておく必要性があるのであって，審判前の保全処分が必要である。このような審判前の保全処分については，家事事件手続法が定めており，第2編第1章の総則規定の第4節に「審判前の保全処分」として，審判前の保全処分の手続に関する総則的規律をまとめて定め，個々の家事事件類型に基づく審判前の保全処分の申立てに関する実質的要件や保全処分の具体的内容については，第2編第2章各節の個別事件の各則で定めるという二段階構成となっている。

したがって，成年後見制度に関する審判前の保全処分については，家事事件手続法第2編第1章第4節の105条ないし115条の総則的規定と，同法第2編第2章第1節「成年後見に関する審判事件」の126条及び127条，同章第2節「保佐に関する審判事件」の134条及び135条，同章第3節「補助に関する審判事件」の143条及び144条，同章第19節「任意後見契約法に規定する審判事件」の225条が適用されることになる。

---

1 審判前の保全処分の意味

審判前の保全処分の内容については，家事事件手続法105条1項は，本案の家事審判事件が係属する家庭裁判所は，仮差押え・仮処分・財産の管理者の選任その他の必要な保全処分を命ずる審判をすることができると定めている。

また，同法126条1項は，後見開始の審判事件を本案とする保全処分については，後見開始の申立てがあった場合において，成年被後見人となるべき者の生活，療養看護又は財産の管理のため必要があるときは，家庭裁判所は，申立てにより又は職権で，担保を立てさせないで，①財産の管理者を選任し，②事件の関係者に対し，成年被後見人となるべき者の生活，療養看護若しくは財産の管理に関する事項を指示することができると定めている。

そして，同条2項は，成年被後見人となるべき者の財産の保全のために特に必要があるときは，家庭裁判所は，③成年被後見人となるべき者の日常生活に関する行為を除く財産上の行為につき，財産の管理者の後見を受けることを命ずることができる（後見命令）と定めている。保佐の場合も，これらと同様な規定を設けており，家事事件手続法126条1項が準用されるほか（家手134条1項），126条2項と同様な「保佐命令」も定めている（同条2項)。補助の場合も，同様に同法126条1項を準用し（家手143条1項),「補助命令」を定めている（同条2項)。

なお，任意後見契約に関しては，任意後見監督人が選任されるまでは任意後見契約自体が発効しないのであるから，任意後見契約を発効させるためには任意後見監督人を選任すればいいのであって，保全処分としては任意後見監督人の解任の審判事件等を本案とする保全処分についてのみ条文が設けられている（家手225条)。

家事事件手続法127条1項は，成年後見人の解任の審判事件が係属している場合において，成年被後見人の利益のため必要があるときは，成年後見人の解任の申立てをした者の申立てにより又は職権で，成年後見人の職務の執行を停止し，又はその職務代行者を選任することができると定めている。この規定は，同条5項によって，成年後見監督人の解任の審判事件を本案とする保全処分にも準用される。後見人等の解任の審判前の保全処分は，保佐の場合（家手135条），補助の場合（同144条），任意後見の場合（同225条1項・2項）にも準用されている。ただし，任意後見の場合，本人が定めた任意後見人であるため，職務の停止を求めることができるだけであって，職務代行者の選任はできない。また，職権によって任意後見人の解任の審判をすることはできないため（任意後見8条），職権によって任意後見人の解任の審判前の保全処分をすることもできない。

2　後見開始等の審判前の保全処分の種類・内容

成年後見開始審判等を本案とする審判前の保全処分は，①財産の管理者の選任，②本人の財産の管理・療養看護等に関する指示，③後見命令・保佐命令・補助命令の3つになる。

①　財産の管理者の選任

財産の管理者の選任については，不在者財産管理人に関する規定が準用されており（家手126条8項による民27条ないし29条の準用），原則として，財産管理人は，本人の財産の保存・管理に必要な範囲内で法定代理権を有するにすぎない。

財産管理人は，家庭裁判所の許可を得て暫定的に処分行為をさせるために選任するのではなく，財産の保存・維持管理をさせることに重点があるのであるから，本人に損害が発生することもあまり考えられないのであって，保証を立てさせておく必要性はない。したがって，財産管理人の選任については，担保を立てさせないものとされている。ただし，財産管理人の具体的な管理行為によって本人に損害が発生する可能性はあるため，財産の管理及び返還については担保を立てさせることができるものと解されている（家手126条8項による民29条1項の準用）。

② 本人の財産の管理・療養看護等に関する指示

本人の財産の管理に関する指示とは，たとえば，本人に対して，財産管理者の同意なくして一定の財産について抵当権を設定してはならないと指示することなどがある。また，療養看護に関する指示とは，たとえば，本人の同居者に対して，本人が適切に入院治療を受けることができるようにするよう指示することなどがある。

ただし，この保全処分については，強制執行に親しまない勧告的効力を有するにすぎないものとされており（金子・逐条408頁），申立権者や発令要件などについては，広く解してもかまわないものと考える。

③ 後見命令・保佐命令・補助命令

財産の管理者が選任されただけでは，財産の管理者は本人の行為に対する取消権等は行使しえないため，本人にとって不利益な取引行為を抑止することができない。そのため，後見命令・保佐命令・補助命令は，財産の管理者に取消権や同意権を付与するために設けられている制度である（家手126条7項・134条5項・143条5項）。したがって，後見命令等は，仮の地位を定める仮処分の一種であるが，取消権や同意権を付与するにとどまり，処分権を付与するものではない。

これらの命令は，①②と異なり，本人の行為能力を制限することになるため，①②とは分けて規定され，申立権者や発令要件などについては，より厳格に解すべきものとされている。申立権者は，後見開始審判等の申立人のみとされており，発令要件も「財産の保全のために特に必要があるとき」と加重されている（家手126条2項）。

後見命令に対する即時抗告申立事件に関しては，禁治産宣告時代のものであるが，大阪高決昭和60年5月20日家月37巻10号97頁（審判書2）がある。この審判例は，第1に，後見命令に基づく財産の管理者の選任の審判は，即時抗告の対象とならないことを確認した（この審判当時は家事審判規則に規定が置かれていたが，現在は，家手110条1項1号に規定がある。)。第2に，保全の必要性の判断について，他の方法による保全処分がなされているからといって，後見命令の必要性がなくなるものではないことを明確にしたものである。

3　後見開始等の審判前の保全処分の申立て

(1)　申立て

成年後見開始審判等を本案とする審判前の保全処分の申立権者は，①財産の管理者の選任及び②本人の財産の管理・療養看護等に関する指示については，広く利害関係人とし，③後見命令・保佐命令・補助命令については，後見開始審判等の申立人のみである。その管轄は，成年後見開始審判等の申立てがなされていることを前提としており，本案である成年後見開始審判等の審判事件が係属している家庭裁判所となる。

(2)　申立書の添付書類

成年後見開始審判等を本案とする審判前の保全処分の申立書の添付書類は，本案の成年後見開始審判等の申立てが前提となっているため，添付書類も本案の申立てと同様なものとなる。具体的には，戸籍謄本，住民票，財産目録などが必要になる。また，保全処分を申し立てるためには，「成年被後見人となるべき者の生活，療養看護又は財産の管理のため必要があるとき」という保全の必要性を疎明する必要があるため，それらの必要性を基礎づける疎明資料を提出しなければならない。後見命令・保佐命令・補助命令を請求する場合には，特に必要とする事情を疎明する必要がある。

(3)　申立ての費用

成年後見開始審判等を本案とする審判前の保全処分の申立費用については，まず，申立手数料は不要とされている。登記手数料は，後見命令・保佐命令・補助命令の場合には1,400円とされており（登記手数料令16条1項1号），収入印紙で納付するものとされている。この場合も予納郵便切手を納付しなければならないが，申立てをする裁判所に確認する必要がある。

4 後見人等の解任の審判前の保全処分の種類・内容

成年後見人等の解任の審判を本案とする審判前の保全処分は，①成年後見人等の職務の執行の停止，②職務代行者の選任の２つである。

① 成年後見人等の職務の執行の停止

成年後見人等の職務の執行を停止する審判は，職務の執行を停止される成年後見人，他の成年後見人又は職務代行者が選任されている場合には当該職務代行者に告知することによって効力を生ずるものとされている（家手127条2項）。職務執行の停止の効力が生じた場合，成年後見人等は法定代理権等を行使することができなくなる。

② 職務代行者の選任

職務代行者は，職務の執行の停止の審判を受けた成年後見人等と同一の法的地位を有することとなる。なお，家庭裁判所は，いつでも自ら選任した職務代行者を改任することができ（家手127条3項），成年被後見人の財産の中から，職務代行者に相当な報酬を与えることができる（同条4項）。

職務代行者選任に対する即時抗告申立事件に関しては，これも禁治産宣告時代のものであるが，大阪高決平成10年10月21日家月51巻3号186頁（審判書3）がある。この審判例は，職務代行者の選任につき，当事者間に禁治産者の資産等を巡って深刻な争いがある場合には，一方当事者の推薦する弁護士を職務代行者に選任することは相当でなく，職務代行者には，第三者的な立場の公正な弁護士を選任すべきものとしたものである。

5 後見人等の解任の審判前の保全処分の申立て

(1) 申立て

成年後見人等の解任を本案とする審判前の保全処分の申立権者は，成年後見人等の解任の審判事件の申立権者である。管轄は，成年後見人等の解任の審判事件が係属している家庭裁判所である。

⑵　申立書の添付書類

成年後見人等の解任を本案とする審判前の保全処分の申立書の添付書類は，本案の成年後見人等の解任の申立てが前提となっているため，添付書類も本案の申立てと同様なものとなる。具体的には，戸籍謄本，住民票，後見登記事項証明書などが必要になる。また，保全処分を申し立てるためには，「成年被後見人の利益のため必要があるとき」という保全の必要性を疎明する必要があるため，それらの必要性を基礎づける疎明資料を提出しなければならない。具体的には，成年後見人等の職務執行が不適切であって，本人の利益が害される恐れがあり，緊急にそれを防止する必要があることを疎明しなければならない。

⑶　申立ての費用

成年後見人等の解任を本案とする審判前の保全処分の申立費用については，まず，申立手数料は不要とされている。登記手数料は 1,400 円とされており（登記手数料令 15 条 1 項 4 号），収入印紙で納付するものとされている。この場合も予納郵便切手を納付しなければならないが，申立てをする裁判所に確認する必要がある。

審判前の保全処分に対する即時抗告申立事件（大阪高　昭59（ラ）486号）
大阪高決昭和60年5月20日家月37巻10号97頁

主　　文

本件抗告を棄却する。

理　　由

一　本件抗告の趣旨は、「原審判を取り消す。相手方の本件審判前の保全処分の申立を却下する。」というものであり，その理由は別紙〔略〕記載のとおりである。
二　これに対する当裁判所の判断は次のとおりである。
1　家庭裁判所がした審判に対しては家事審判規則に定められた場合に限り即時抗告のみをすることができるものであるところ（家事審判法14条）、同規則によれば、禁治産宣告の申立に対する審判前の保全処分のうち財産の管理者を選任した審判に対しては即時抗告をすることは認められていないから（家事審判規則15条の3、第1、2項、23条1項）、本件即時抗告のうち財産管理者を選任した部分に対する即時抗告は不適法である。
2　次に、後見命令に関する部分についての当裁判所の判断は、原審判理由説示のとおりであるからこれを引用する。

抗告人は、相手方の禁治産宣告の申立及び本件審判前の保全処分の申立は、抗告人からその所有する財産の処分権を奪い右財産を相手方の自由にし、又相手方と抗告人の兄高橋康明との間の不貞行為を葬り去ることを目的としたものであり禁治産制度を濫用するものである旨主張するが、一件記録によるも右事実を認めるに足る資料はない。

又抗告人は、抗告人の申立にかかる離婚調停事件に関連して、抗告人所有の不動産につきその処分を禁止する旨の調停前の保全処分及び相手方申立にかかる民訴法上の保全処分として抗告人所有の不動産につき譲渡禁止の仮処分命令がなされているから、本件の保全処分はその必要性がない旨主張するが、本件の抗告人に対して後見を受けることを命じた審判前の保全処分と前記各保全処分とはその制度の趣旨及び目的を異にするものであるから、前記各保全処分がなされているからといつて本件の後見を命ずる保全処分の必要性がなくなるものとはいえない。

その他一件記録を精査しても原審判を取り消さなければならない事由は認められない。
3　以上により財産管理者を選任した部分に対する抗告は不適法であり、後見を命じた原審判は相当であってこの部分に対する抗告は理由がないから、本件抗告を棄却することとし、主文のとおり決定する。

審判前の保全処分審判に対する即時抗告事件（大阪高平 10（ラ）817 号）
大阪高決平成 10 年 10 月 21 日家月 51 巻 3 号 186 頁

主　　文

原審判を次のとおり変更する。
１　本案審判確定に至るまで禁治産者Ｃの後見人Ａの職務の執行を停止する。
２　上記期間中弁護士甲（大阪市北区○○×—×—×△△ビル×階××号）を職務代行者に選任する。

理　　由

第１　本件即時抗告の趣旨及び理由は別紙即時抗告申立書（写し）記載のとおりである。
第２　当裁判所の判断
１　当裁判所も、原審判と同様，相手方の本件職務執行停止、職務代行者選任仮処分申立は理由があり、これを認容すべきものと判断する。（以下、途中省略）

相手方は、職務代行者として、禁治産者の禁治産宣告前の保全処分事件（大阪家庭裁判所平成 10 年（家ロ）保第××号財産管理者選任申立事件）で財産管理者を務めた弁護士乙を推薦する。一件記録によれば、弁護士乙は、これまで財産管理者としての職務を的確に遂行しており、客観的には職務代行者としての適格性においても欠ける点はないものと認められる。しかし、後見人の職務代行者は、禁治産者の財産管理を行うだけでなく、その療養看護にも努める義務がある（民法 858 条 1 項）。そのため、職務代行者は、現実に療養看護に当っている抗告人を始めとする関係者全員の信頼を得なければ、その職務を適切に遂行することが困難である。とくに、当事者間に禁治産者の資産等を巡って深刻な争いがある本件においては、一方当事者の推薦する弁護士を職務代行者に選任すると、職務代行者自身に困難を強いる結果ともなり、相当でないといわなければならない。したがって、職務代行者には、第三者的な立場にあり、この種事件の経験に富み、公正な弁護士を選任すべきものである。

２　抗告理由について

抗告人はこう主張する。抗告人は、禁治産者と２５年来の内縁関係にあり、ずっと同人の面倒を見てきた。禁治産者は、抗告人に対し、先妻の籍が抜けたら入籍すると言っていた。抗告人は、先妻死亡の事実を伝え、禁治産者の婚姻意思を確認したうえ、婚姻届を提出した。したがって、抗告人が禁治産者の後見人に就任したことについて、疑義を差し挟む余地はない。原審判の認定判断は誤っている、と。

しかし、一件記録及び禁治産事件等の関連記録並びに抗告人提出の証拠を精査しても、すでに原審判を引用して説示したとおり、本件婚姻が禁治産者の真意に基づくものであるか否かについては、疑問があるといわざるを得ない。抗告人の主張は採用できない。

3　以上のとおり、原審判中、主文１項は相当であるが、２項は相当でない。

第３　結論

よって, 本件即時抗告に基づき、原審判を上記のとおり変更して、主文のとおり決定する。

第６章　複数後見・法人後見の審判

はじめに

従来の禁治産宣告制度の時代には，成年後見人等の任務は自然人が一人で担うべきものとされており（平成 11 年改正前民 843 条では，「後見人は，一人でなければならない。」と定められ，保佐人にも民 847 条 1 項でその規定が準用されていた。），複数後見や法人後見は認められていなかった。

しかし，平成 11 年の民法改正時に複数後見や法人後見も広く認めるべきものとされ，複数後見も法人後見もともに認められることとなった。民法 843 条 3 項では，「成年後見人が選任されている場合においても，家庭裁判所は，必要があると認めるときは，前項に規定する者若しくは成年後見人の請求により又は職権で，更に成年後見人を選任することができる。」と定めて，複数後見を正面から認めた（なお，この条文は，民 876 条の 2 第 2 項で保佐に，民 876 条の 7 第 2 項で補助に準用されている。）。複数の後見人が選任された場合，家庭裁判所は，職権で，権限の共同行使や事務の分掌を定めることができることとされている（民 859 条の 2 第 1 項。同条文は，民 876 条の 5 第 2 項で保佐に，民 876 条の 10 第 1 項で補助に準用されている。）。

法人後見については，民法 843 条 4 項の括弧書で，（成年後見人となる者が法人であるときは，その事業の種類及び内容並びにその法人及びその代表者と成年被後見人との利害関係の有無）と定められたことによって，法人後見人が選任されていることを前提として考慮事項の定めが明記された。この条文も，民法 876 条の 2 第 2 項で保佐に，民法 876 条の 7 第 2 項で補助に準用されている。

1 複数後見の意味

平成11年の民法改正時には，本人の状況によっては，後見等の事務の遂行のために複数の成年後見人等を選任するほうが適切である場合があり得ることが指摘されるようになり，財産管理と身上監護（身上配慮）を各分野の専門家（法律実務家と福祉の専門家）が分担したり，親族と特定分野の専門家が共同して行うなど，チームを組んで後見等の事務を遂行することが効果的な場合や，入所施設における日常の財産管理等を担当する成年後見人等と遠方の住所地の財産管理を担当する成年後見人等を選任する必要がある場合等がその例として挙げられていた（小林＝大門＝岩井・解説124頁）。

ちょうどその当時，社会福祉基礎構造改革の方向性が定まり，福祉サービスの提供方式が措置から契約へと変更されたのであって，社会連帯思想に基づく公的介護保険制度の導入を皮切りに，福祉と法律の共働が図られることとなった。そのため，役割分担に基づく複数後見という考え方は社会福祉基礎構造改革の方向性にも合致するものとして受け入れられた。確かに，財産管理と身上監護（身上配慮）では考慮すべき要素が異なっているのであり，それぞれの専門家が各分野における専門知識を駆使して本人の最善の利益を確保するという考え方には魅力がある。しかし，現実的には，本人の使用できる資源には限界があるのであって，いかに望ましくてもお金が足りないとか利用できるサービスが存在しないとかいう根源的な限界もあるうえ，第3章6で述べたように，そもそも成年後見制度自体が受皿不足に陥っており，有限の受皿をできる限り有効に配分しなければならない状況にもあるために，それほど専門知識を有効に組み合わせられるわけでもないように思われる。

つまり，本人のニーズを的確に把握しながら，本人の利用可能な資源の有効性を総合的に考慮して，本人にとって現実的に可能な最善の利益を追求せざるを得ないのが実情であろう。そうだとすれば，複数後見についても，少なくとも現状においては，広い活用可能性を考察するより，複数後見こそが有効であるような事件類型を見定めておく必要があるように思われる。

2　複数後見が有効と考えられる事件類型

以上のような視点から，複数後見が有効と考えられる事件類型を考えると，当初考えられていたような，弁護士・司法書士と社会福祉士とがそれぞれ財産管理と身上監護を分担する方式や，遠隔地で２名以上の法律専門家がそれぞれの土地に存する財産管理を行う方式などは，あまり現実的ではなくなっている。前者の場合には，当面の本人のニーズが財産問題なのか身上問題なのかに基づいて，どちらかの専門家を成年後見人に選任し，当該成年後見人が他方の専門職のアドバイス等を受けて事務を遂行するほうがより現実的であろう。また後者の場合には，いずれかの土地に所在する法律専門家が成年後見人となったうえで，他の土地に存する財産については復代理人を選任して事務を遂行するほうが現実的であろう。

そうだとすれば，当面において，複数後見が有効と考えられる事件類型としては，成年後見制度利用促進基本計画を実行していくうえでも検討されているように，親族後見人と専門職後見人とが共同することもありうる選択肢の一つと思われる。親族後見人には，親族後見人であるがゆえの限界もあるのであるが（この点については第４章５を参照），親族後見人が対応できない限界問題や専門的知識を要する問題では，専門職が後見人や後見監督人の立場で親族後見人をバックアップすることによって，親族後見のメリットを活かしつつデメリットを最小限化し，専門職後見人の受任件数を増大させることが可能になることも考えられる。

複数後見人がどの程度選任されているかに関する統計は公表されていない。同時選任の場合も年度を超えた追加選任の場合もあるし，成年後見人の死亡や辞任（いわゆるリレー方式も含む。）・解任による成年後見人等の選任もあるため，年間の成年後見開始審判等の認容件数から成年後見人等と本人との関係別件数を差し引いただけでは，複数後見人が選任されているかどうかの数字には必ずしもならない。したがって，あくまでも参考までの数字にすぎないが，最高裁判所事務総局家庭局が公表している「成年後見関係事件の概況」によれば，平成 30 年度における成年後見開始審判等の申立認容件数 33,864 件（成年後見 26,641 件，保佐 5,852 件，補助 1,371 件）に対し，選任された成年後見人等は 36,298 名であるため，その差は 2,434 となる。いずれにしても，複数後見人の選任件数はさほど多くないのが現状である。

---

3 法人後見の意味

法人後見については，平成 11 年の民法改正時には，社会福祉協議会等の社会福祉法人，福祉関係の公益法人（公益社団法人・公益財団法人）等のほか，営利法人（たとえば，信託銀行等）を選任することも法律上は可能であるが，法人の適格性については，家庭裁判所が当該法人の事業の種類及び内容，本人との利害関係の有無等を審査した上で，個別具体的に判断することとなるとされていた（小林＝大門＝岩井・解説 135 頁）。

これも社会福祉基礎構造改革との絡みで，社会福祉協議会等の社会福祉法人に対する期待が高まったことが反映されている。ただし，社会福祉基礎構造改革では，契約に基づいて社会福祉法人が福祉サービスの直接の提供者となるのであり，成年被後見人とは，利益相反関係に立ってしまうことも十分に意識されていた（小林＝大門＝岩井・解説 135 頁）。そのため，法人後見を広汎に行うべきと考えられていたわけではなかった。もっとも，社会福祉法人が提供する福祉サービスは公共的性質を有しており，法令でその内容や対価が定められているのであって，サービスの内容や対価に直接的な利害関係が反映されるのではなく，成年被後見人等に対する支援内容について第三者によるチェックが受けられなくなる危険性があることや，他の福祉サービス事業者と契約することが阻害される可能性があるという点にある。

したがって，社会福祉法人等による法人後見を利用する際には，そのような利益相反関係があることについて的確に認識しておかなければならない。他方で，今後の成年後見制度の利用促進の取組みも踏まえた需要に対応するためには，法人後見の担い手の育成や活用も重要な課題であり，本人と利益相反関係にない第三者である社会福祉法人が法人後見人となって本人を支援するような形態も，これからの社会福祉法人の地域における公益的な取組みの一つとして考えられる。

4　法人後見が有効と考えられる事件類型

以上のような視点から，法人後見が有効と考えられる事件類型を考えると，特に受皿の資源形成が不十分である障がい者支援分野では，障がい者福祉を実践している社会福祉法人（社会福祉協議会を含む。）を担い手として活用していくことが考えられる。もっとも，その場合には利益相反関係を避け，第三者によるチェックが機能するような態勢を確保することが重要となる。

司法書士が設立した公益社団法人成年後見センター・リーガルサポートでは，法人後見が妥当する場合として，一個人として後見事務を遂行することが困難な場合を挙げており，具体的なケースとして，①後見人等が関係者から暴力等の危害を受けることが予想される事件，②管理すべき財産が広範囲に及ぶような事件，③本人が生活困窮者であって，家庭裁判所や市町村から特に要請がある事件などを挙げている（リーガルサポートのホームページより）。②や③については，他の手段の活用もありうるところであるから，やはり①が中核的な事件であると思われる。

最高裁判所事務総局家庭局が公表している「成年後見関係事件の概況」によれば，平成30年度における法人後見は，弁護士法人265件，司法書士法人379件，税理士法人0件，行政書士法人5件であったとされており，社会福祉協議会1,233件，その他の法人1,567件となっている。

第７章　成年後見人等の職務と権限

はじめに

成年後見人等は，成年被後見人等の行為能力が制限されることから，成年被後見人の行為に対する取消権や代理権を行使することとなる。したがって，成年後見人等の職務と権限は，成年被後見人等にとって非常に重要なものとなる。従来の禁治産宣告制度は，禁治産者に対する後見人の療養監護義務だけが法定されており（しかも禁治産者の資力に応じた努力義務にすぎないとされていた。），禁治産者や準禁治産者の財産管理制度としての性格が色濃く反映していたのであるが，平成 11 年の民法改正に基づいて，成年後見制度と改められるに際し，単なる財産管理制度ではなく，成年被後見人等の身上監護全般に関する制度とされるに至った。

そのような考え方に基づいて改正されたのが民法 858 条であり，民法 858 条においては，成年後見人は，その職務を行うに当たって，成年被後見人の意思を尊重し，かつ，その心身の状態および生活の状況に配慮しなければならないものと規定した。この条文は，家のための後見制度や家族のための後見制度ではなく，本人のための後見制度であることを従来よりもいっそう明確にしたものであると評価できる。しかし，民法 858 条は，抽象的かつ理念的な規定にとどまっているため，この条文が実効性を有しているかどうかは疑問も残るところである。

この条文が成立した背景には，平成 9 年ころから開始された社会福祉基礎構造改革によって，社会福祉サービスの提供方式を措置から契約に転換することとされ，平成 12 年に予定されていた介護保険法の施行に合わせて，車の両輪ともいえる成年後見制度への改正が急がれたという経緯がある。本来であれば，世話人制度などの自己決定支援システムを構築し，そのための社会的基盤整備（受皿の整備）が整った段階で，介護保険法の施行を迎えるべきであったが，いわゆるバブル経済の破綻・崩壊が著しく早いスピードで生じてきたため，同時スタートという困難を背負うこととなったのである。

そのため，新しい成年後見制度においては，財産管理が主なのか身上監護が主なのかという議論が発生し，成年後見制度が成立しさえすれば，介護保険法等の施行と相俟ってバラ色の老後生活が保障されるかのような風潮も生じてしまった。これは，成年後見制度を運用していくに当たっても，非常に不幸な事態であったといわざるを得ない。したがって，本章では，成年後見人等の職務と権限のあり方について，整理しておくこととしたい。

1　成年後見人等の職務

成年後見人は，遅滞なく被後見人の財産の調査に着手し，1か月以内にその調査を終えて財産目録を作成しなければならない（民853条1項)。ただし，その期間は，家庭裁判所が伸長することができる（同項ただし書)。財産調査と財産目録の作成は，後見監督人があるときは，後見監督人の立会いをもってしなければ効力を生じないものとされている（同条2項)。財産目録の作成が終わるまでは，成年後見人は，急迫の必要がある行為のみをする権限を有するが，その制限は善意の第三者には対抗できない（民854条)。

成年後見人が成年被後見人に対して債権を有しまたは債務を負担している場合には，成年後見監督人があるときは，財産調査に着手する前に成年後見人は成年後見監督人に申し出なければならず，成年被後見人に対して債権があることを知って申し出ないときはその債権を失うものとされている（民855条)。保佐人，補助人に関しては，成年後見人とは異なり，自動的に法定代理権を有しているわけではないため，このような規定は設けられていない。

成年後見人は，成年被後見人の生活，療養看護及び財産の管理に関する事務を行うに当たっては，成年被後見人の意思を尊重し，かつ，その心身の状態及び生活の状況に配慮しなければならない（民 858 条）。保佐人・補助人は，保佐・補助の事務を行うに当たっては，被保佐人・被補助人の意思を尊重し，かつ，その心身の状態及び生活の状況に配慮しなければならない（民 876 条の 5 第 1 項・876 条の 10 第 1 項）。これらの成年後見人等の職務については，「意思尊重義務」「身上配慮義務」と呼ばれる。この点については，後述する。

また，成年後見人等は，成年被後見人等の財産を管理するに当たっては，善良な管理者としての注意義務をもって行わなければならない（民 869 条・876 条の 5 第 2 項・876 条の 10 第 1 項による民 644 条の準用）。善管注意義務とは，受任者の職業・地位において一般に要求される水準の注意義務を指しており，もともとローマ法における「善良な家長の注意」（diligentia boni patris familias）という物の保存義務の観念に由来している。善管注意義務と身上配慮義務の関係については，立法担当者は，民法 858 条の法的性質につき，身上監護の充実の観点から，成年後見人が本人の身上面について負うべき善管注意義務の内容を敷衍し，かつ，明確にしたものとして位置づけるのが相当であると説明している（小林＝大門＝岩井・解説 150 頁）。

2　成年後見人等の財産管理権

(1)　財産管理権の根拠

成年後見人は，成年被後見人の財産を管理し，かつ，その財産に関する法律行為について被後見人を代表する（民 859 条 1 項）。これは成年後見人が財産管理に関する包括的な法定代理人であることを示している。

保佐人は，自動的に法定代理権を有しているものではなく，家庭裁判所は，保佐開始審判の申立権者（民 11 条本文に規定する者）または保佐人もしくは保佐監督人の請求によって，被保佐人のために特定の法律行為について，保佐人に代理権を付与する旨の審判・その取消の審判をすることができる（民 876 条の 4 第 1 項・3 項）。ただし，本人以外の者の請求によって，代理権付与の審判をするには，本人の同意がなければならない（同条2項）。

補助人も，自動的に法定代理権を有しているものではなく，家庭裁判所は，補助開始審判の申立権者（民15条第1項本文に規定する者）または補助人もしくは補助監督人の請求によって，被補助人のために特定の法律行為について補助人に代理権を付与する旨の審判・その取消の審判をすることができる（民876条の9第1項・2項）。本人以外の者の請求によって，代理権付与の審判をするには，本人の同意がなければならない（同条2項による民876条の4第2項の準用）。

したがって，保佐人や補助人は，代理権付与の審判に基づき，代理権の対象行為の範囲に応じて，代理権に付随する財産管理権を有しているものと解されている。

⑵　居住用不動産の処分

居住用不動産の処分については，第４章でも述べたが，成年後見人等の権限として非常に重要なポイントなので，ここでもまとめておくこととする。成年後見人が，成年被後見人に代わって，その居住の用に供する建物又はその敷地について，売却，賃貸，賃貸借の解除又は抵当権の設定その他これらに準ずる処分をするには，家庭裁判所の許可を得なければならない（民859条の3)。居住用不動産の処分は，被後見人の心身の状態に及ぼす影響が非常に大きいからである。

保佐人・補助人に被保佐人・被補助人所有の不動産の処分について代理権が付与された場合，居住用不動産の処分については，被保佐人・被補助人の心身の状態に及ぼす影響の重大さに鑑みて，別途家庭裁判所の許可を得なければならないとされている（民876条の5第2項・876条の10第1項)。居住用不動産の処分に関する家庭裁判所の許可の審判の申立書は，書式16のようなものである。

⑶　利益相反行為

成年後見人と成年被後見人の利益が相反し，成年後見監督人がいない場合には，特別代理人を選任しなければならない（民 860 条による民 826 条の準用）。なお，成年後見人が成年被後見人の財産または成年被後見人に対する第三者の権利を譲り受けたときは，成年被後見人は取り消すことができる（民 866 条）。この場合には，相手方の催告権の規定（民 20 条）が準用されている。特別代理人選任の申立書は，書式 17 のようなものである。

保佐人と被保佐人の利益が相反し，保佐監督人がいない場合には，臨時保佐人を選任しなければならない（民 876 条の 2 第 3 項）。保佐人は当然に代理権を有しているわけではないため，特別代理人でなく臨時保佐人を選任することとなる。同様に，補助人と被補助人の利益が相反し，補助監督人がいない場合には，臨時補助人を選任しなければならない（民 876 条の 7 第 3 項）。東京家庭裁判所で使用されている臨時保佐人選任の申立書は，書式 18 のようなものであり，臨時補助人選任の申立書は，書式 19 のようなものである。

利益相反行為に該当するかどうかの判断基準については，(a)外形判断説と(b)実質判断説に分かれている。(a)外形判断説は，利益相反行為であるかどうかはその行為の外形で決すべきであって，成年後見人等の意図やその行為の実質的な効果を問題とすべきではないとする考え方である。(b)実質判断説は，法定代理権は成年被後見人のために行使されるべきものであるから，実質的にみて，成年被後見人の不利益において成年後見人が利益を得ることを防ぐものでなければならないとするものである。

判例は，取引の安全を考慮して外形判断説を採用しているが，そのうえで代理権濫用の法理に基づいて成年被後見人の利益保護を図っている（最判平成 4 年 12 月 10 日民集 46 巻 9 号 2727 頁）。つまり，判例の立場は，第一段階として利益相反行為について外形判断説を採用して取引の安全に配慮しつつ，第二段階として代理権濫用の法理を適用して成年被後見人の保護を図るという考え方である。代理権濫用に関しては，従来は，民法 93 条ただし書が類推適用されていたが，債権法改正によって代理権濫用を規律する明文規定が民法 107 条として設けられた。民法 107 条は，代理人が自己または第三者の利益を図る目的で代理権の範囲内の行為をした場合において，相手方が濫用の目的を知り，または知ることができたときは，無権代理とみなすと規定している。

⑷　郵便物等の管理

従来は，成年被後見人に宛てた郵便物等を成年後見人が受け取ることはできないとされてきた。成年被後見人のもとには，株式の配当通知や外貨預金の入出金明細，クレジットカードの利用明細やさまざまな請求書などが送られてくることがあり，成年後見人が適切に成年被後見人の財産管理を行うためには，これらの書類に目を通し，成年被後見人の財産状況を正確に把握しておくことも必要である。しかし，成年被後見人に送られてくる手紙は財産管理に関するものばかりではない。したがって，成年後見人が成年被後見人宛の手紙を受け取ることはできないものとされてきたのである。

そこで平成 28 年 4 月 13 日に民法の一部（成年後見制度の一部）が改正され（成年後見事務円滑化法），家庭裁判所は，成年後見人がその事務を行うに当たって必要があると認めるときは，成年後見人の請求により，期間を定めて成年被後見人宛の郵便物等を成年後見人に配達するよう郵便事業者に嘱託することができるようになった（民 860 条の 2 第 1 項)。ただし，成年後見人への回送嘱託の期間は，6 か月を超えることはできない（同条 2 項)。また，事情変更によって必要性がなくなったり，成年後見人の任務が終了したりした場合には，この嘱託は取り消されることになる（同条第 3 項・第 4 項)。これは，成年被後見人のプライバシーにも配慮しつつ，成年後見人が成年被後見人の財産管理を適切に行うために必要なことであると評することができる。この郵便物等の回送嘱託の申立書は，書式 20 のようなものである。

家庭裁判所の回送嘱託に基づいて成年後見人に配達された成年被後見人宛の郵便物等については，成年後見人が開いて中を見ることができる（民 860 条の 3 第 1 項)。しかし，成年後見人が受け取った郵便物等で成年後見人の事務に関係のないものは，速やかに成年被後見人に交付しなければならない（同条 2 項)。高齢者や障がい者にとって，友人や知人との大切な私信が本人の手元に届かないようでは本末転倒になってしまうため，成年後見人はこの点に特に注意すべきである。

また，成年被後見人は，成年後見人に対して，成年後見人が受け取った郵便物等の閲覧を求めることができるとされている（同条3項）。成年被後見人が積極的に閲覧を求めてくればそれに応じなければならないのは当然のことである。しかし，成年後見人のもとに郵便物が転送されてしまうと，成年被後見人はどのような手紙が来ているのかすらわからないのであるから，成年後見人はどのような郵便物等が配達されているかにつき，自ら積極的に成年被後見人に連絡・説明すべきである。

成年被後見人が以上のような転送措置に対して不服がある場合には，成年被後見人やその親族は家庭裁判所の回送嘱託の審判に対して，即時抗告をすることができる（家手123条1項8号など）。家庭裁判所の回送嘱託は，後見開始の審判をした家庭裁判所に申し立てがなされる（同117条2項）。この審判をするに当たっては，原則として，成年被後見人の陳述を聴かなければならない（同120条1項6号）。

⑸　死後の事務処理権

成年被後見人が死亡した場合，成年後見人の権限は自動的に消滅してしまうため，その後に必要な事務については成年被後見人の相続人等に対する事務管理として行なわざるを得ないものと考えられてきた。

しかしこの点についても，平成28年4月13日に民法の一部（成年後見制度の一部）が改正され（成年後見事務円滑化法），成年後見人は，成年被後見人が死亡した場合において，必要があるときは，成年被後見人の相続人の意思に反することが明らかなときを除き，相続人が相続財産を管理することができるに至るまで，次に掲げる行為をすることができるとし（民873条の2柱書），第1号として，相続財産に属する特定の財産の保存行為，第2号として，弁済期が到来している相続財産に属する債務の弁済，第3号として，家庭裁判所の許可を得て，死体の火葬または埋葬に関する契約の締結その他相続財産の保存に必要な行為を挙げた。火葬の許可の申立書は，書式21のようなものである。また，債務の弁済のために保存行為として預金の払戻しを受けることの許可の申立書は，書式22のようなものである。

ただし，これらの措置については，成年後見の場合に規定が設けられただけであって，保佐や補助の場合には何も規定が設けられていない。保佐や補助の場合には，被保佐人や被補助人の同意なく自動的に郵便物を保佐人や補助人に回送すべきでないことは理解できるところであるが，死後事務についての必要性は保佐や補助の場合も変わらないのではないかと思われる。また，成年後見人の死後事務についても，火葬を行うことは可能になったのであるが，葬儀を行う権限までは認められていない。葬儀に関しては，祭祀主宰者（祭祀承継者）との権限調整が必要であろうから，今後の課題として残っているものと考えざるを得ない。

3　成年後見人等の身上配慮権

成年後見人等には，財産管理権が付与されているが，身上監護権あるいは身上配慮権については明文規定がない。身上監護に関しては，身上配慮義務が定められているだけである。そうだとすれば，身上監護に関しては，成年後見人等は一切の法定代理権が認められていないと考えるべきなのだろうか。

立法担当者は，この点につき，「民法の規律の対象である契約を中心とする法律行為の中には，財産管理を主たる目的とするもののみならず，身上監護を主たる目的とするもの（介護契約，施設入所契約，医療契約等）も多く含まれており，財産管理を主たる目的とする法律行為の場合でも，なんらかの形で本人の身上に関連する事項を含むのが通常です。（中略）財産管理の面のみならず，身上監護の面についても，後見事務の遂行の指針となる一般的な責務の内容として，成年後見人の『本人の身上に配慮する義務』に関する一般規定を設けることが必要であると考えられます。」としている（小林＝大門＝岩井・解説149頁）。

そのうえで,「成年後見人の身上配慮義務の内容は,個々の法律行為の態様および本人の身上をめぐる状況に応じて多種多様なものが含まれるものと解されるところであり,たとえば,いわゆるアドヴォカシー(advocacy=本人の身上面に関する利益の主張を補助し,または本人の身上面に関する利益を代弁すること)等についても,同条の規定の解釈として合理的な範囲内(契約等の法律行為に関する権限の行使に伴う注意義務の範囲内)である限り,右の身上配慮義務の内容に含まれるものと考えられます。」としている(小林=大門=岩井・解説151頁)。

したがって,身上監護に関する代理権については,身上配慮義務の範囲内で一定の行為に関して認められていると解釈されており,現実的な介護を行うなどの事実行為に関する権利義務や一身専属的な事項に関する代理権は認められないと解されている。後者に関しては,医療行為に関する決定権や同意権が問題となるが,その点については,第4章4を参照されたい。

---

4 成年被後見人の意思尊重義務と身上配慮義務

民法858条は,(成年被後見人の意思の尊重及び身上の配慮)という見出しのもと,「成年後見人は,成年被後見人の生活,療養看護及び財産の管理に関する事務を行うに当たっては,成年被後見人の意思を尊重し,かつ,その心身の状態及び生活の状況に配慮しなければならない。」と定めている。

しかし,この条文は,矛盾する内容を定めているように見える。成年被後見人の意思尊重義務は,成年後見人に対して,成年被後見人の主観的な自己決定(意思決定)を最大限尊重するよう定めている。これに対して,もう一つの義務である身上配慮義務は,成年後見人に対して,客観的に成年被後見人にとって最善の利益を確保すべく配慮しなければならない義務を定めている。そうだとすると,成年被後見人本人による自己決定の内容と成年被後見人に客観的に必要な配慮の内容とが一致するとは限らない。むしろそれらが一致しないからこそ,専門家による自己決定過程の支援が必要なのである。

したがって，この矛盾を解決するには，本人の意思尊重義務とは，本人の自己決定をそのまま受け入れることではなく，本人の客観的な状況を把握して，本人にとっての最善の配慮がどのようなものであるかを判断し，本人とともに新たな自己決定を生み出していくことでなければならない。つまり，本人の納得のもとに，客観的に本人に必要と判断される身上配慮を行っていくことが重要になる。決して，本人の意思や意向を無視したところに客観的な身上配慮があるわけではないのである。

すなわち，意思尊重義務と身上配慮義務を両立させるには，第 1 に，本人の人格を尊重して，パターナリスティックに本人の自己決定を頭ごなしに否定しないこと，第 2 に，本人の自己決定が，本人にとって最善の利益を導くかどうかを客観的に判断すること，第 3 に，本人の自己決定が本人にとって適切でない場合には，何が適切であるかを本人に伝え，新たな自己決定を生み出すべく説明を尽すこと，第 4 に，本人が成年後見人の説明に納得しない場合には，継続的に本人の自己決定に寄り添い，粘り強く説明を繰り返すしかないこと，第 5 に，相互の信頼関係を構築して，本人への説明と納得というプロセスを持続すること，が必要である。以上の関係を図示すると，図４のようになる。

図４　意思尊重義務と身上配慮義務の関係

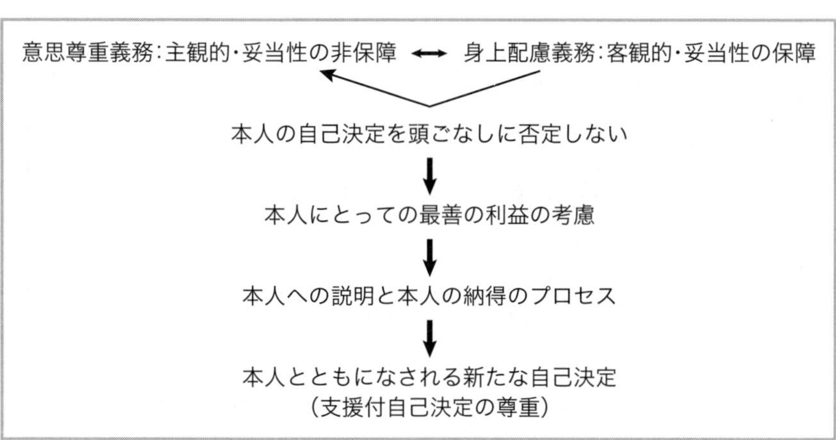

受付印	家事審判申立書　事件名（居住用不動産の処分許可）
	（この欄に申立手数料として1件について800円分の収入印紙を貼ってください。） 印紙 （貼った印紙に押印しないでください。） （注意）登記手数料としての収入印紙を納付する場合は，登記手数料としての収入印紙は貼らずにそのまま提出してください。
収入印紙　円 予納郵便切手　円 予納収入印紙　円	

準口頭		関連事件番号　平成・令和　年（家　）第　号

○○　家庭裁判所 御中 令和　○　年　○　月　○　日	申立人 （又は法定代理人など） の記名押印	甲　野　夏　男　㊞

添付書類	※　必要な添付書類を提出していただきます。

申立人	本籍 （国籍）	（戸籍の添付が必要とされていない申立ての場合は，記入する必要はありません。） 都道 府県
	住所	〒　○○○－○○○○　電話　○○○（○○○）○○○○ ○○県○○市○町○番○号○○ハイツ桜山23号室 （　方）
	連絡先	〒　－　電話　（　） （注：住所で確実に連絡ができるときは記入しないでください。） （　方）
	フリガナ 氏名	コウノ　ナツオ 甲　野　夏　男 　　昭和・平成・令和　○　年　○　月　○　日生（○○　歳）
	職業	会社員
※ 成年被後見人	本籍 （国籍）	（戸籍の添付が必要とされていない申立ての場合は，記入する必要はありません。） 都道 府県
	住所	〒　○○○－○○○○　電話　○○○（○○○）○○○○ △△県○×市○×町○丁目○○番○号 （　方）
	連絡先	〒　－　電話　（　） （　方）
	フリガナ 氏名	コウノ　タロウ 甲　野　太　郎 　　昭和・平成・令和　○　年　○　月　○　日生（○○　歳）
	職業	無職

（注）　太枠の中だけ記入してください。
※の部分は，申立人，法定代理人，成年被後見人となるべき者，不在者，共同相続人，被相続人等の区別を記入してください。

別表第一（1/2）

申　立　て　の　趣　旨
成年後見人である申立人が成年被後見人に代わって，別紙物件目録記載の不動産を○○県○○町○番○号株式会社○○○に対し，金○○○○万円で売却することの許可を求める。

申　立　て　の　理　由
1　申立人は，平成○○年○月○日，○○家庭裁判所において，成年被後見人の成年後見人に選任されました。
2　成年被後見人は，現在，老人保健施設に入所していますが，令和○○年○月から有料老人ホーム○○○○苑へ入居することになり，そのための費用として，入会金○○○万円，月々○○万円の施設使用料が必要となります。
3　別紙物件目録記載の不動産は，成年被後見人が老人保健施設に入所するまで居住していましたが，現在は空家の状態です。本人の資産の状況は先に提出した財産目録のとおりであり，当該不動産を売却し，入居費用を捻出する必要があります。
4　株式会社○○○は，金○○○○万円での買い受けを希望しており，この金額は妥当なものだと考えます。また，成年被後見人の子供らもこの売却には賛成しています。
5　よって，この申立てをします。

別表第一（ 2 /2 ）

（別紙）

物　件　目　録

【土　地】

番号	所　　在	地　番	地　目	地　積	備　考
1	○○市○○町○丁目	○番○	宅地	150.00平方メートル	

物　件　目　録

【建　物】

番号	所　　在	家屋番号	種　類	構　造	床面積	備　考
1	○○市○○町○丁目○番地	○番○	居宅	木造瓦葺平家建	90.00平方メートル	

受付印		**特別代理人選任申立書**
		（この欄に収入印紙 800 円分を貼ってください。）
収入印紙　　円		
予納郵便切手　　円		（貼った印紙に押印しないでください。）

準口頭		関連事件番号　平成・令和　　年（家　　）第　　　号

家庭裁判所 御中 令和　　年　　月　　日	申立人の 記名押印	印

添付書類	（同じ書類は１通で足ります。審理のために必要な場合は，追加書類の提出をお願いすることがあります。） □ 未成年者の戸籍謄本(全部事項証明書)　□ 親権者又は未成年後見人の戸籍謄本（全部事項証明書） □ 特別代理人候補者の住民票又は戸籍附票　□ 利益相反に関する資料（遺産分割協議書案，契約書案等） □（利害関係人からの申立ての場合）利害関係を証する資料 □

申立人	住所	〒　　－　　　電話　（　　） （　　方）			
	フリガナ 氏名		昭和 平成 令和　年　月　日生 （　　歳）	職業	
	フリガナ 氏名		昭和 平成 令和　年　月　日生 （　　歳）	職業	
	未成年者との関係	※ １ 父母　２ 父　３ 母　４ 後見人　５ 利害関係人			
未成年者	本籍 （国籍）	都道 府県			
	住所	〒　　－　　　電話　（　　） （　　方）			
	フリガナ 氏名		平成 令和　年　月　日生 （　　歳）		
	職業 又は 在校名				

（注）　太枠の中だけ記入してください。　※の部分は，当てはまる番号を○で囲んでください。

申立ての趣旨
特別代理人の選任を求める。

申立ての理由	
利益相反する者	利益相反行為の内容
※ 1　親権者と未成年者との間で利益が相反する。 2　同一親権に服する他の子と未成年者との間で利益が相反する。 3　後見人と未成年者との間で利益が相反する。 4　その他（　　　　　　　　）	※ 1　被相続人亡＿＿＿＿＿＿の遺産を分割するため 2　被相続人亡＿＿＿＿＿＿の相続を放棄するため 3　身分関係存否確定の調停・訴訟の申立てをするため 4　未成年者の所有する物件に　1　抵当権　2　根抵当権　を設定するため 5　その他（　　　　　　　　） （その詳細）

特別代理人候補者					
	住所	〒　　－　　　　電話　　（　　） （　　　　方）			
	フリガナ 氏名		昭和 平成　年　月　日生 （　　歳）	職業	
	未成年者との関係				

（注）　太枠の中だけ記入してください。　※の部分については，当てはまる番号を○で囲み，利益相反する者欄の4及び利益相反行為の内容欄の5を選んだ場合には，（　　）内に具体的に記入してください。

受付印	臨時保佐人選任　申　立　書
	（この欄に収入印紙８００円分を貼る。） （貼った印紙に押印しないでください。）
収 入 印 紙　８００　円	
予納郵便切手　８１８　円	

準口頭		基本事件番号	□　平成 □　令和	年（家　　）第	号

東京家庭裁判所　御 中 □立川支部 令和　年　月　日	申 立 人 の 記 名 押 印	印

添付書類	□ 臨時保佐人候補者の住民票　□ 遺産分割協議書案　□ 被保佐人の法定相続分が確保されていることがわかる書面　□ 抵当権設定契約書案　□ 金銭消費貸借契約書案（□ 保証委託契約書案）　□ 不動産の全部事項証明書 □ ※後見登記事項に変更がある場合は□ 住民票　□ 戸籍抄本

申立人	住　所	〒　－ （　　方）	電話（　） 携帯（　）		
	フリガナ 氏　名		大正 昭和 平成　年　月　日 生	職 業	
	被保佐人 との関係	1　保佐人　　2　利害関係人			
被保佐人	本　籍	都 道 府 県			
	住　所	〒　－ （　　方）	電話（　）		
	フリガナ 氏　名				

(1/2)

R1.5版

申　立　て　の　趣　旨
臨時保佐人の選任を求める。

申　立　て　の　理　由

利益相反する者	利益相反行為の内容
※ 1　保佐人と被保佐人との間で利益相反する。 2　その他（　　　　　）	※ 1　被相続人亡＿＿＿＿＿の遺産を分割するため 2　被相続人亡＿＿＿＿＿の相続を放棄するため 3　身分関係存否確定の調停・訴訟の申立てをするため 4　被保佐人の所有する物件に（根）抵当権を設定するため 5　その他（　　　　　） （その詳細）

臨時保佐人候補者					
	住　所	〒　　－　　　　電話　（　　） （　　　　方）			
	フリガナ 氏　名		昭和 平成　　年　月　日生	職業	
	被保佐人との関係				

（注）　太枠の中だけ記入してください。　※の部分については，当てはまる番号を○で囲み，利益相反する者欄の２及び利益相反行為の内容欄の５を選んだ場合には，（　）内に具体的に記入してください。

(2/2)

R1.5版

受付印	臨時補助人選任　申　立　書
	（この欄に収入印紙８００円分を貼る。） （貼った印紙に押印しないでください。）
収入印紙　８００　円	
予納郵便切手　８１８　円	

準口頭		基本事件番号	□　平成 □　令和	年（家）第	号

東京家庭裁判所　□立川支部　御中 令和　年　月　日	申立人の 記名押印	印

添付書類	□ 臨時補助人候補者の住民票　□ 遺産分割協議書案　□ 被補助人の法定相続分が確保されていることがわかる書面　□ 抵当権設定契約書案　□ 金銭消費貸借契約書案（□ 保証委託契約書案）　□ 不動産の全部事項証明書 □ ※後見登記事項に変更がある場合は□ 住民票　□ 戸籍抄本

申立人	住　所	〒　－ 電話　（　） 携帯　（　） （　方）			
	フリガナ 氏　名		大正 昭和 平成　年　月　日生	職業	
	被補助人 との関係	1　補助人　　2　利害関係人			
被補助人	本　籍	都道 府県			
	住　所	〒　－ 電話　（　） （　方）			
	フリガナ 氏　名				

R1.５版

申　立　て　の　趣　旨
臨時補助人の選任を求める。

申　立　て　の　理　由	
利益相反する者	利益相反行為の内容
※ 1　補助人と被補助人との間で利益相反する。 2　その他（　　　　　　　　）	※ 1　被相続人亡＿＿＿＿＿＿の遺産を分割するため 2　被相続人亡＿＿＿＿＿＿の相続を放棄するため 3　身分関係存否確定の調停・訴訟の申立てをするため 4　被補助人の所有する物件に（根）抵当権を設定するため 5　その他（　　　　　　　　） （その詳細）

臨時補助人候補者				
住　所	〒　　－　　　　電話　　（　　） （　　　方）			
フリガナ 氏　名		昭和 平成　　年　月　日生	職業	
被補助人との関係				

（注）　太枠の中だけ記入してください。　※の部分については，当てはまる番号を○で囲み，利益相反する者欄の２及び利益相反行為の内容欄の５を選んだ場合には，（　）内に具体的に記入してください。

R1.5版

（成年後見人に選任されてから１年以内における初回申立ての場合の記載例）

受付印	成年被後見人に宛てた郵便物等の回送嘱託申立書
	（この欄に申立手数料として１件について８００円分の収入印紙を貼ってください。） （貼った印紙に押印しないでください。）
収入印紙　円	
予納郵便切手　円	

後見開始の事件番号	平成・令和（○で囲む）　○○　年（家）第　○○○○○　号

○○　家庭裁判所 支部・出張所　御中 令和　○○　年　○○　月　○○　日	申立人の記名押印	甲　野　一　郎　㊞

添付書類	（審理のために必要な場合は，追加書類の提出をお願いすることがあります。） □住民票（開始以降に住所の変更があった場合のみ）　■必要性に関する報告書 □財産管理後見人の同意書　■成年後見監督人の同意書　□

申立人	住所（事務所）	〒○○○－○○○○　電話　○○○（○○○）○○○○ ○○県○○市○○町○丁目○番○号　（　方）
	郵便物等の回送を受ける場所	（■上記の住所（事務所）と同じ） 〒　－
	フリガナ 氏名	コウ　ノ　イチ　ロウ 甲　野　一　郎
成年被後見人	本籍（国籍）	○○　都道府県（県を○で囲む）　○○市○○町○○○番地○
	住所	〒○○○－○○○○ ○○県○○市○○町○○○番地　（　方）
	居所	〒○○○－○○○○ ○○県○○市○○町○丁目○番○号　○○病院 （　方）
	フリガナ 氏名	オツ　ノ　タ　ロウ 乙　野　太　郎

（注）　太枠の中だけ記入してください。

（成年後見人に選任されてから１年以内における初回申立ての場合の記載例）

申　立　て　の　趣　旨 （該当する□にチェックしたもの）
■（郵便物の回送嘱託）日本郵便株式会社に対し，成年後見人の（■住所，□居所）に宛てて差し出された成年被後見人宛ての郵便物を申立人（成年後見人）に配達すべき旨を嘱託するとの審判を求める。 □（信書便物の回送嘱託）＿＿＿＿＿＿＿＿＿＿に対し，成年被後見人の（□住所，□居所）に宛てて差し出された成年被後見人宛ての民間事業者による信書の送達に関する法律第２条第３項に規定する信書便物を申立人（成年後見人）に配達すべき旨を嘱託するとの審判を求める。
申　立　て　の　理　由
回送嘱託の必要性は，以下の□にチェックしたとおりである。 ■１　成年後見人に選任されてから１年以内における初回申立て ■(1)　成年被後見人は自宅に独居しているが，自ら郵便物等を管理することができず，かつ，後記４に具体的に述べるとおり，これを管理することができる親族から，成年後見人への郵便物等の引渡しについての協力を得られない。 □(2)　成年被後見人は施設に入所中であるが，自ら郵便物等を管理することができず，かつ，後記４に具体的に述べるとおり，これを管理することができる施設から，成年後見人への郵便物等の引渡しについての協力を得られない。 □(3)　成年被後見人は親族と同居しているが，自ら郵便物等を管理することができず，かつ，後記４に具体的に述べるとおり，これを管理することのできる同居の親族から，成年後見人への郵便物等の引渡しについての協力を得られない。 □(4)　その他（具体的事情は，後記４に具体的に述べるとおりである。） □２　成年後見人に選任されてから１年以上経過した後における初回申立て これまでの財産・収支の管理及びその把握について生じていた支障に関する具体的事情は，後記４に具体的に述べるとおりである。 □３　再度の申立て 前回の回送期間内に財産・収支の状況を把握できなかった具体的事情は，後記４に具体的に述べるとおりである。 ■４　具体的事情 成年被後見人は，現在，自宅に一人で居住しています。しかし，申立人が後見開始の審判確定後，成年被後見人の自宅を訪問したところ，郵便物が部屋中に散乱し，成年被後見人は郵便物の所在についても把握できていない模様でした。また，成年被後見人の親族○○○○に対しても連絡を取りましたが，遠方であり，郵便物の管理についてその親族の協力を得ることができませんでした。
回送嘱託を行う集配郵便局等　　別添のとおり

（２／３）

（成年後見人に選任されてから１年以内における初回申立ての場合の記載例）

〒 ○○○－○○○○

所在地　東京都○○区○○町○丁目○番○号

名　称　○○郵便局

※　回送嘱託を行う集配郵便局等の所在地及び名称を上記の枠内に記入してください。
（１か所につき１用紙）

（火葬に関する契約を締結する場合の記載例）

受付印	成年被後見人の死亡後の死体の火葬又は埋葬に関する契約の締結その他相続財産の保存に必要な行為についての許可　申立書
	この欄に収入印紙800円分を貼る。 印　紙 （貼った印紙に押印しないでください。）
収入印紙　円 予納郵便切手　円	
準口頭	基本事件番号　(平成)・令和　○○年（家　）第　××××　号

△△家庭裁判所　御中 令和　○○　年○月　○日	申立人の記名押印	甲　野　太　郎　㊞

添付書類	■　申立事情説明書　■　死亡診断書の写し（死亡の記載のある戸籍謄本） □　預貯金通帳の写し　□　寄託契約書案 □　報告書　□

申立人	住所又は事務所	〒○○○－○○○○　電話　○○○（○○○）○○○○ △△県×市×町○丁目○○番○号　○○法律事務所
	氏名	甲　野　太　郎
成年被後見人	住所	〒 ○○○－○○○ △△県◇市◇町○丁目○番
	氏名	亡　乙　野　一　郎

※申立人欄は窓空き封筒の申立人の宛名としても使用しますので，パソコン等で書式設定する場合には，以下の書式設定によりお願いします。
（申立人欄書式設定）
上端10.4cm
下端14.5cm
左端 3.3cm
右端 5cm

申立ての趣旨	申立人が ■成年被後見人の（■死体の火葬　□　　）に関する契約を締結する □成年被後見人名義の下記の預貯金の払戻しをする 金融機関名＿＿＿＿＿＿支店名＿＿＿＿＿＿ 口座種別＿＿＿＿口座番号＿＿＿＿＿＿ 払戻金額　金＿＿＿＿＿＿円 □（　　　） ことを許可する旨の審判を求める。
申立ての理由	別添申立事情説明書のとおり

裁判所使用欄

1　本件申立てを許可する。
2　手続費用は，申立人の負担とする。
令和　　年　　月　　日
家庭裁判所　□　支部　□　出張所
裁判官

告知	
受告知者	申立人
告知方法	□住所又は事務所に謄本送付 □当庁において謄本交付
年月日	令和　・　・ 裁判所書記官

（火葬に関する契約を締結する場合の記載例）

基本事件番号　平成（○で囲む）・令和　○○　年（家）第　××××　号　成年被後見人亡　乙野一郎

申立事情説明書

1　申立ての理由・必要性等について

成年被後見人は，令和○○年○○月○○日，▲▲病院で亡くなりました。成年被後見人の相続人には，唯一，長男の○○○○がいますが，病気のため入院しており，成年被後見人の火葬を取り仕切ることができる親族がおりません。

そこで，成年後見人において，申立ての趣旨に記載した行為を行う必要があります。

※　申立ての理由・必要性等を裏付ける資料がある場合には，資料を添付してください。

2　本件申立てにかかる行為ついての相続人の意思について

□　相続人の存在が明らかではないため，意思の確認がとれない。

□　相続人が所在不明のため，意思の確認がとれない。

□　相続人が疎遠であり，意思の確認がとれない。

□　反対している相続人はいない。

■　その他

相続人○○○○は危篤状態にあり，意思の確認がとれない。

なお，これまで同人が後見事務に反対の意思を表明したことはない。

（預金の払戻しをする場合の記載例）

受付印	成年被後見人の死亡後の死体の火葬又は埋葬に関する契約の締結その他相続財産の保存に必要な行為についての許可　申立書
収入印紙　円 予納郵便切手　円	この欄に収入印紙800円分を貼る。 印　紙 （貼った印紙に押印しないでください。）
準口頭	基本事件番号　平成・令和　〇〇年（家　　）第　　××××　　号

△△家庭裁判所　御中 令和　〇〇　年〇　月　〇　日	申立人の記名押印	甲　野　太　郎　　㊞

添付書類	■ 申立事情説明書 ■ 預貯金通帳の写し ■ 報告書	■ 死亡診断書の写し（死亡の記載のある戸籍謄本） □ 寄託契約書案 □

申立人	住所又は事務所	〒〇〇〇－〇〇〇〇　　電話　〇〇〇（〇〇〇）〇〇〇〇 △△県×市×町〇丁目〇〇番〇号　〇〇法律事務所
	氏名	甲　野　太　郎
成年被後見人	住所	〒 〇〇〇－〇〇〇 △△県◇市◇町〇丁目〇番
	氏名	亡　乙　野　一　郎

※申立人欄は窓空き封筒の申立人の宛名としても使用しますので，パソコン等で書式設定する場合には，以下の書式設定によりお願いします。
（申立人欄書式設定）
上端10.4cm
下端14.5cm
左端 3.3cm
右端 5cm

申立ての趣旨	申立人が □成年被後見人の（□死体の火葬　□　　）に関する契約を締結する ■成年被後見人名義の下記の預貯金の払戻しをする 金融機関名　●●銀行　支店名　●●支店 口座種別　普通　口座番号　１２３４５６７８ 払戻金額　金　５００，０００　円 □（　　　） ことを許可する旨の審判を求める。
申立ての理由	別添申立事情説明書のとおり

裁判所使用欄

1　本件申立てを許可する。
2　手続費用は，申立人の負担とする。
令和　　年　　月　　日
家庭裁判所　□　支部　□　出張所
裁判官

告　知	
受告知者	申立人
告知方法	□住所又は事務所に謄本送付 □当庁において謄本交付
年 月 日	令和　・　・ 裁判所書記官

（預金の払戻しをする場合の記載例）

基本事件番号　平成（○囲み）・令和　**○○**　年（家）第　**××××**　号　　成年被後見人亡　**乙野一郎**

申立事情説明書

1　申立ての理由・必要性等について

成年被後見人は，令和○○年○○月○○日，▲▲病院で亡くなりました。

成年被後見人には，別添のとおり，弁済期が到来している債務が約５０万円あり，それらの債務を弁済するためには，成年被後見人の預貯金口座から預貯金の払戻しを受ける必要がありますが，成年被後見人の相続人である長女の○○○○は，長年音信不通の状態にあり，これを行うことができません。そこで，相続財産の保存に必要な行為として，成年後見人において，申立ての趣旨に記載した行為を行う必要があります。

※　申立ての理由・必要性等を裏付ける資料がある場合には，資料を添付してください。

2　本件申立てにかかる行為ついての相続人の意思について

□　相続人の存在が明らかではないため，意思の確認がとれない。

□　相続人が所在不明のため，意思の確認がとれない。

■　相続人が疎遠であり，意思の確認がとれない。

□　反対している相続人はいない。

□　その他

第8章　成年後見監督

はじめに

成年後見制度の近年の課題の一つに，不祥事の予防がある。成年後見人等による不祥事は，成年後見制度の施行直後から報道されている。成年後見人等の不祥事は，経済的な搾取にとどまらず，ネグレクトや心理的虐待などの虐待行為も問題となる。もっとも，成年後見人等の不祥事は，容易に外部から把握できるものではない。

したがって，成年後見人等の不祥事のうち，確認しやすいのは，客観的な証拠が残る経済的搾取であることとなる。親族後見であろうが専門職後見であろうが同様である。専門職後見は，判断能力が不十分な人を法的に支援する専門家が行なうものであるから，専門職団体による不祥事防止が図られなければならないし，親族後見以上に専門家責任として厳しい注意義務を負うはずである。

しかも，親族後見に関しては，報酬請求を行なわずに無報酬で職務が遂行されることが多いのに対して，専門職後見は相当の報酬請求を伴っていることが多いのであるから，不祥事を起すことに対する倫理的な注意義務はいっそう強度でなければならない。それにもかかわらず，専門職後見において不祥事を起してしまうことは，専門職全体に対する社会的信頼を著しく損なうものであり，ひいては成年後見制度自体への社会的信頼を著しく損なうこととなる。

したがって，成年後見監督制度が整い，不祥事の発生をできる限り事前に予防していくことが成年後見制度への信頼を構築することとなる。成年後見制度の受皿が整えられたとしても，不祥事を予防できないのであれば，成年後見制度の利用促進もまた図られないのであって，受皿の構築と不祥事の予防を目的とする成年後見監督制度の充実が求められているというべきであろう。

1　成年後見監督の意味

成年後見人の職務に対する監督体制としては，家庭裁判所による直接の監督方法と，成年後見監督人等を選任して成年後見人を監督させる方法とがある。

前者の直接の監督方法としては，家庭裁判所が成年後見人・保佐人・補助人に対していつでも後見・保佐・補助の事務報告や財産目録の提出を求めることができ，成年後見・保佐・補助の事務もしくは被後見人・被保佐人・被補助人の財産の状況を調査することができる（民863条1項・876条の5第2項・876条の10第1項）。さらに，家庭裁判所は，後見監督人等，被後見人等もしくはその親族その他の利害関係人の請求によりまたは職権で，被後見人等の財産の管理その他後見等の事務について必要な処分を命ずることができる（民863条2項・876条の5第2項・876条の10第1項）。

後者の成年後見監督人等を選任して成年後見人を監督させる方法を採った場合でも，家庭裁判所の直接の監督方法が排除されるわけではなく，成年後見監督人等が第一次的な監督機関となるものの，家庭裁判所も第二次的な監督機関となり，前述の監督規定はそのまま適用される。

2　成年後見事務の報告

家庭裁判所は，成年後見人等に対して，いつでも事務報告や財産目録の提出を求めることができる。現在の家庭裁判所の運用においては，成年後見人等に対し，原則として1年に1回，家庭裁判所により定められた時期に，後見事務報告書等の提出を求めている。東京家庭裁判所で使用されている書式としては，書式23が現在の成年後見等の事務に関する定期報告書の書式であり，書式24が現在の定期報告における財産目録の書式である。

成年後見人等の職務は，第7章で述べたように，成年被後見人等の財産管理や身上監護に関する必要事務を行うことである。しかしながら，成年被後見人等は，判断能力が不十分となっており，成年後見人等の事務遂行に対する監督能力も不十分であると言わざるを得ない。したがって，第三者による監督体制が整っていることが成年被後見人等の本人の利益を確保するうえで不可欠であることは言うまでもない。

そこで成年後見監督人等が選任されていない場合には，家庭裁判所が直接的に成年後見人等を監督しなければならない。もっとも，第３章６で述べたように，すでに21万人を超えた利用者の成年後見監督を家庭裁判所が実効性をもってなしうると考えるのは困難であろう。家庭裁判所の監督権限の行使は，直接証拠の閲覧ではなく，その写しの提出に依らざるを得ない。直接的に預金通帳の記載を確認する方法を採用するとすれば，過度の時間と過剰なセキュリティ体制を要することとなってしまうだろう。そうだとすれば，証拠書類の写しを確認するしかないが，原本や原本の写しに偽造や変造がなされて写しが提出されている場合には，偽造や変造の事実に気づきにくくなってしまう。成年後見人等の行為に何らかの疑いがある場合には，成年後見監督人等を選任して，成年後見監督人等による成年後見人等の監督を行わざるを得ない。

3　成年後見監督人等の選任の申立て

家庭裁判所は，必要があると認めるときは，被後見人等，その親族若しくは後見人等の請求によりまたは職権で，後見監督人等を選任することができる（民849条・876条の3第1項・876条の8第1項）。成年後見人等の配偶者，直系血族及び兄弟姉妹は，成年後見監督人等となることができない（民850条・876条の3第2項・876条の8第2項）。

必要があると認めるときとは，家庭裁判所が合理的な裁量に基づいて選任の必要性を判断するという趣旨であるとされており，たとえば，親族間の利害対立が激しく，成年後見人等の事務処理の適否をめぐって紛争の生ずるおそれがある場合などが該当するとされている（小林＝大門＝岩井・解説198頁）。しかし，近年の不祥事に照らして考えると，成年後見人等の後見事務の処理に成年後見人等による搾取等の適切でない事情が存する可能性があり，早急に事務処理の適正性について調査しなければならない場合などが該当するであろう。

成年後見監督人等の選任に際して家庭裁判所が考慮すべき事情については，成年後見人等の選任の考慮事情に関する民法843条4項の規定が準用されている（民852条・876条の3第2項・876条の8第2項）。したがって，成年後見監督人等を選任するには，成年被後見人等の心身の状態ならびに生活及び財産の状況，成年後見監督人等となる者の職業及び経歴ならびに成年被後見人等との利害関係の有無，成年被後見人等の意見その他一切の事情を考慮しなければならない。法人の成年後見監督人等や複数の成年後見監督人等も同様に認められている。

成年後見監督人の選任の申立書の書式は，書式25のようなものである。

4　成年後見監督人等の職権による選任

成年後見監督人等は，職権によって選任することができる。従来の禁治産宣告制度においては，後見監督人等の職権による選任の規定がなく，家庭裁判所が職権で後見人を選任することはできないものとされていた。また，従来の禁治産宣告制度においては，後見監督人の報酬に関する規定もなく，後見監督人制度はほとんど利用されない状況となっていた。

そこで，平成11年に改正された成年後見制度のもとでは，成年後見監督人の選任に関して，職権で後見人を選任することができる旨の明文規定が設けられ，成年後見監督人の職権選任が認められるようになった。また，成年後見監督人の報酬に関しても，成年後見人の報酬に関する規定が準用されることとなり，後見監督制度の実効性を図ることができるようになった。

成年後見制度利用促進基本計画においては，親族後見人等による事務が適切に行われるため，地域連携ネットワークや中核機関による親族後見人等への支援の必要性が指摘されている。もっとも，中核機関等による親族後見人等への支援体制が十分に整備されていない現状においては，親族後見人等による不適切な事務の防止という観点に加え，親族後見人等に対する支援という観点から，成年後見監督人選任の必要性を検討し，これが認められる場合には，専門職を成年後見監督人に選任し，その事務を通じて親族後見人等への指導・助言や相談対応を行うという役割を期待する運用についての検討も進んでいるようである（成年後見制度利用促進専門家会議第3回議事録4頁（厚労省ウェブサイト））。過渡期における運用上の工夫として注目されるが，本来的には早期に中核機関等が整備・充実され，親族後見人等への直接支援体制の構築が推進されることが期待される。

---

5 成年後見監督人等の職務

成年後見人・保佐人・補助人は，成年後見監督人・保佐監督人・補助監督人が選任された場合，監督人の監督のもとに置かれることとなる（民851条1号・876条の3第2項・876条の8第2項）。成年後見監督人等の職務は，成年後見人等の職務監督にとどまらず，成年後見人等が欠けた場合に，遅滞なくその選任を家庭裁判所に請求すること，急迫の事情がある場合に必要な処分をすること，成年後見人等と成年被後見人等の利益が相反する場合に成年被後見人等を代表することなどが含まれる（民851条2号ないし4号・876条の3第2項・876条の8第2項）。

成年後見監督人等は，いつでも，後見人に対し後見の事務の報告若しくは財産の目録の提出を求め，または後見の事務若しくは被後見人の財産の状況を調査することができる（民863条1項・876条の5第2項・876条の10第1項）。なお，成年後見監督人等についても，家庭裁判所に対して定期報告する取扱いがなされており，東京家庭裁判所では，書式26を使用して監督事務報告書による報告が行われている。

成年後見監督人は，成年被後見人に対して，善管注意義務を負っている（民852条における民644条の準用）。成年後見監督人等の責任については，成年後見監督人に選任されながら一見記録を謄写しただけで3年5か月弱の間一切の調査を怠っていたという事案のもとで，成年後見監督人には善管注意義務違反があると判断された判決例がある（大阪地堺支部判平成25年3月14日金判1417号22頁）。

成年後見監督人の職務に関する責任については，どの程度の監督行為を行っていれば善管注意義務違反の責を負わないのかという点については，直接参考となる先例はない。しかし，禁治産者の親族後見人の事務が仮に停止され，後見人職務代行者に選任された弁護士が家庭裁判所の許可を得て禁治産者の財産から3億円を貸し付けたものの，これが回収不能になったことにつき，職務代行者の善管注意義務違反が問われたものがある（東京高判平成17年1月27日判タ1217号272頁）。この事件では，当該貸付行為に必要性と相当性があり，後見人職務代行者が回収可能性も十分あると判断したことについて，相当性ないし合理性が認められるとして，善管注意義務違反があったとはいえないと判断している。

6　後見制度支援信託及び後見制度支援預貯金との関係

後見制度支援信託とは，日常的な支払をするのに必要十分な金銭を預貯金等として成年後見人が管理し，日常的に使用しない金銭については，成年後見人が信託契約を締結して信託銀行等に信託し，信託財産を払い戻したり信託契約を解約したりする場合には家庭裁判所の関与を要するとするスキームである。この家庭裁判所の関与の形式としては，信託財産を払い戻したり信託契約を解約したりする場合には，あらかじめ家庭裁判所が発行する指示書を必要としている。

後見制度支援信託は，成年後見人による不祥事対策として平成24（2012）年に導入されたものであるが，その根拠は，民法863条2項の後見の事務監督のための「必要な処分」として認められるものである。そして，家事事件手続法124条（成年後見の事務の監督）の規定に関する細則である家事事件手続規則

81条1項（成年後見人に対する指示等）に基づいて，家庭裁判所が成年後見人に対して成年後見の事務に関して相当と認める事項を指示するものである。東京家庭裁判所で使用されている指示書の書式は，書式27のようなものである。

後見制度支援預貯金とは，日常的な支払をするのに必要十分な金銭につき小口預金口座で，日常的に使用しない金銭につき大口預金口座で分けて管理し，大口預金口座からの払戻しや預貯金契約の解除には，あらかじめ家庭裁判所が発行する指示書を必要とするものである。後見制度支援預貯金は，後見制度支援信託と同様の不正防止機能を有する仕組みであり，成年後見制度利用促進基本計画において，より効率的な不正防止のための方策の検討が指摘されたことを受けて，平成29年7月から，一部地域の金融機関において取扱いが開始されている。その後，全国各地の金融機関においても，後見制度支援預貯金の取扱いが広がっており，今後の利用の増加が見込まれる。

後見制度支援信託及び後見制度支援預貯金の適用対象は，後見の場合だけであり（一部の金融機関が提供する商品においては未成年後見の場合も含む。），保佐や補助の場合には利用できない。また，信託できる財産は金銭に限られており，不動産や株式などは信託財産に含まれない。

このような信託契約のスキームは，確かに成年後見人の不祥事を予防するには効果的かもしれないが，反面，成年被後見人の自由を制限してしまうことに注意が必要である。成年後見制度の現代的な課題の一つに，成年後見人による不祥事の予防があるのであるから，後見制度支援信託も一つの予防策として評価されるべきではあるが，成年被後見人の自由をできるだけ制限しないような取組みが必要である。

7　成年後見人等による不正行為等が疑われる場合の対応

家庭裁判所が成年後見人等に対する監督を行う中で，不正行為等の疑いが生じた場合には，家庭裁判所は，職権により成年後見人等の職務執行停止の仮処分（家手127条1項）を行ったり，専門職後見人等を追加選任した上で，従来の成年後見人等の財産管理権を剥奪したりするなど，本人の被害を最小限にとどめるための措置を速やかに講じている。

成年後見人等による不正行為は，いわば成年被後見人等にとって最後の砦を崩してしまうような行為であり，成年被後見人等の尊厳を著しく害するものであるから，家庭裁判所による不正行為等の疑いが生じた段階での上記のような措置は非常に重要である。今後も，家庭裁判所による積極的な運用に期待したい。

【記載例】

開始事件 事件番号　平成２８年（家）第８＊＊＊＊号　【 本人氏名：　後　見　太　郎　　　】

後見等事務報告書

（報告期間：平成２９年２月　１日～平成３０年１月３１日）

平成　３０　年　　２　月　　５　日

住　所　東京都千代田区〇〇１丁目２番３号

■成年後見人
□保佐人
□補助人　　　　　後　見　次　郎　　　　　印

日中連絡のつく電話番号０９０－３＊＊＊－５＊＊＊

1　本人の生活状況について

（全員回答してください。）

(1)　前回の定期報告以降，本人の住居所に変化はありましたか。

□　以下のとおり変わらない　　　■　以下のとおり変わった

（「以下のとおり変わった」と答えた場合）住所又は居所が変わったことが確認できる資料（住民票，入院や施設入所に関する資料など）を，この報告書と共に提出してください。

【住民票上の住所】

東京都△△区△△２丁目３番４号　有料老人ホーム〇〇苑

【実際に住んでいる場所】（入院先，入所施設などを含みます）

同上

(2)　前回の定期報告以降，本人の健康状態や生活状況に変化はありましたか。

□　変わらない　　　■　以下のとおり変わった

平成２９年９月から上記の有料老人ホームに入所している（住民票提出済み）。
平成２９年７月に胃の手術をしたが，経過は良好である。

2　本人の財産状況について

（財産管理に関する代理権が付与されていない保佐人・補助人は回答不要です。）

(1)　前回の定期報告以降，定期的な収入（年金，賃貸している不動産の賃料など）に変化はありましたか。

□　変わらない　　　■　変わった

（「変わった」と答えた場合）いつから，どのような定期的な収入が，どのような理由により，１か月当たりいくらからいくらに変わりましたか。以下にお書きください。また，額が変わったことが確認できる資料をこの報告書と共に提出してください。

変わった時期	変わった収入の種類	変わる前の額（1か月分/円）	変わった後の額（1か月分/円）	変わった理由	額が変わったことの分かる資料
29年　10月	厚生年金	５万円	６万円	年金改定	年金額改定通知書
年　　月					
年　　月					

※年金など２か月に１回支払われるものについても，１か月あたりの金額を記載してください。

【記載例】

(2)　前回の定期報告以降，１回につき１０万円を超える臨時の収入（保険金，不動産売却，株式売却など）がありましたか。

□　ない　　■　ある

（「ある」と答えた場合）いつ，どのような理由により，どのような臨時収入が，いくら入金されましたか。以下にお書きください。また，臨時収入があったことが確認できる資料をこの報告書と共に提出してください。

収入があった日	臨時収入の種類	収入額（円）	収入があった理由	収入の裏付資料
29・６・12	不動産売却代金	２７５万円	□□市所在の山林持分を売却した。	売買契約書
・　・				
・　・				
・　・				

(3)　前回の定期報告以降，本人が得た金銭は，全額，今回コピーを提出した通帳に入金されていますか。

■　はい　　□　いいえ

（「いいえ」と答えた場合）入金されていないお金はいくらで，現在どのように管理していますか。また，入金されていないのはなぜですか。以下にお書きください。

(4)　前回の定期報告以降，定期的な支出（生活費，入院費，住居費，施設費など）に変化はありましたか。

□　変わらない　　■　変わった

（「変わった」と答えた場合）いつから，どのような定期的な支出が，どのような理由により，１か月当たりいくらからいくらに変わりましたか。以下にお書きください。また，額が変わったことが確認できる資料をこの報告書と共に提出してください。

変わった時期	変わった支出の種類	変わる前の額（1か月分/円）	変わった後の額（1か月分/円）	変わった理由	額が変わったことの分かる資料
29年　９月	施設費	なし（０円）	１２万円	施設入所	入所契約書，領収書
29年　９月	生活費	３万円	１万円	施設入所	領収書
29年　３月	住宅ローン	１１万円	なし（０円）	完済	通知書

(5)　前回の定期報告以降，１回につき１０万円を超える臨時の支出（医療費，修繕費，自動車購入，冠婚葬祭など）がありましたか。

□　ない　　■　ある

（「ある」と答えた場合）いつ，どのような理由により，どのような臨時支出が，いくら出金されましたか。以下にお書きください。また，臨時支出があったことが確認できる資料をこの報告書と共に提出してください。

支出のあった日	臨時支出の種類	支出額（円）	支出があった理由	支出の裏付資料
29・７・21	医療費	５０万円	胃の手術費用	領収書
29・９・11	施設入所一時金	３００万円	有料老人ホーム入所	領収書
・　・				
・　・				

【記載例】

(6)　前回の定期報告以降，本人の財産から，本人以外の人（本人の配偶者，親族，後見人自身を含みます。）の利益となるような支出をしたことがありますか。

■　ない　　　□　ある

（「ある」と答えた場合）誰のために，いくらを，どのような目的で支出しましたか。以下にお書きください。また，これらが確認できる資料をこの報告書と共に提出してください。

………………………………………………………………………………

………………………………………………………………………………

3　同意権・取消権について（保佐人，補助人のみ回答してください。）

(1)　前回の定期報告以降，同意権を行使しましたか（今後，行使する予定がありますか）。

□　行使していない（予定していない）　　　□　行使した（予定がある）

（「行使した（予定がある）」と答えた場合）その時期と内容はどのようなものですか。以下にお書きください。また，これらが確認できる資料をこの報告書と共に提出してください。

………………………………………………………………………………

………………………………………………………………………………

………………………………………………………………………………

(2)　前回の定期報告以降，取消権を行使しましたか（今後，行使する予定がありますか）。

□　行使していない（予定していない）　　　□　行使した（予定がある）

（「行使した（予定がある）」と答えた場合）その時期と内容はどのようなものですか。以下にお書きください。また，これらが確認できる資料をこの報告書と共に提出してください。

………………………………………………………………………………

………………………………………………………………………………

………………………………………………………………………………

4　あなたご自身について（全員回答してください。）

次の(1)から(3)までについて，該当するものがありますか。

(1)　他の裁判所で成年後見人等を解任されたことがありますか。

■　ない　　　□　ある

(2)　裁判所で破産の手続をとったが，まだ免責の許可を受けていないということがありますか。

■　ない　　　□　ある

(3)　あなた自身や，あなたの配偶者，親又は子が，本人に対して訴訟をしたことがありますか。

■　ない　　　□　ある

5　その他（全員回答してください。）

上記報告以外に裁判所に報告しておきたいことはありますか。

■　特にない　　　□　以下のとおり

………………………………………………………………………………

………………………………………………………………………………

………………………………………………………………………………

※　□がある箇所は，必ずどちらか一方の□をチェック（レ点）するか，又は塗りつぶしてください。

※　完成したら，裁判所に提出する前にコピーを取って，次回報告まで大切に保管してください。

※　報告内容に不明な点などがある，必要な資料が提出されないなどの場合には，詳しい調査のため調査人や監督人を選任することがあります。

【記載例】

開始事件 事件番号　平成２８年（家）第８＊＊＊＊号　【本人氏名：　後　見　太　郎　】

財産目録　（平成３０年１月３１日現在）

平成　３０年　２月　５日　作成者氏名　後　見　次　郎　印

本人の財産の内容は以下のとおりです。

1　預貯金・現金

金融機関の名称	支店名	口座種別	口座番号	残高（円）	管理者
○○銀行	××支店	普通	2345678	3,034,900	後見人
●●銀行	■■支店	定期	8765432	300,000	後見人
		支援信託			
●●信託銀行		支援預金	1122333	10,000,000	後見人
現　金				52,147	後見人
			合　計	13,387,047	
			前回との差額	1,379,022	（増 ㊍減）

（２から７までの各項目についての記載方法）
・初回報告の場合→すべて右の□をチェックし，別紙も作成してください。
・定期報告の場合→財産の内容に変化がない場合→左の□にチェックしてください。該当財産がない場合には，（ ）内の□にもチェックしてください。
財産の内容に変化がある場合→右の□にチェックした上，前回までに報告したものも含め，該当する項目の現在の財産内容すべてを別紙にお書きください。

2　有価証券（株式，投資信託，国債，外貨預金など）

■　前回報告から変わりありません（□該当財産なし）　□　前回報告から変わりました（別紙のとおり）

3　不動産（土地）

□　前回報告から変わりありません（□該当財産なし）　■　前回報告から変わりました（別紙のとおり）

4　不動産（建物）

■　前回報告から変わりありません（□該当財産なし）　□　前回報告から変わりました（別紙のとおり）

5　保険契約（本人が契約者又は受取人になっているもの）

□　前回報告から変わりありません（□該当財産なし）　■　前回報告から変わりました（別紙のとおり）

6　その他の資産（貸金債権，出資金など）

■　前回報告から変わりありません（■該当財産なし）　□　前回報告から変わりました（別紙のとおり）

7　負債（立替金など）

□　前回報告から変わりありません（□該当なし）　■　前回報告から変わりました（別紙のとおり）

31．1版

【記載例】

（別紙）

2　有価証券（株式，投資信託，国債，外貨預金など）

種　類	銘柄等	数量（口数，株数，額面等）	評価額（円）
合　計			

別紙を作成する場合でも，変化のない項目は記載不要です。

3　不動産（土地）

所　在	地　番	地　目	地積（㎡）	備　考
●●区●●町●丁目	○○○番2	宅地	123.24	

4　不動産（建物）

所　在	家屋番号	種　類	床面積（㎡）	備　考

別紙を作成する場合でも，変化のない項目は記載不要です。

5　保険契約（本人が契約者又は受取人になっているもの）

保険会社の名称	保険の種類	証書番号	保険金額（受取額）（円）	受取人
■■生命	がん保険	＊＊＊＊＊＊	1,000,000	本人
□□生命	生命保険	＊＊＊＊＊＊	4,500,000	本人

変化がなかった財産も含めてあらためて当該項目の現在の財産の内容すべてを記載してください。
例：■■生命（報告期間内に新規契約）→記載する。
□□生命（前回報告と同じ）　→記載する。

6

種　類	債務者等	数量（債権額，額面等）

7　負債（立替金など）

債権者名（支払先）	負債の内容	残額（円）	返済月額・清算予定
なし			
合　計			

31.1版

受付印	家事審判申立書　事件名（成年後見監督人の選任）
収入印紙　円 予納郵便切手　円 予納収入印紙　円	（この欄に申立手数料として1件について800円分の収入印紙を貼ってください。） 印紙 （貼った印紙に押印しないでください。） （注意）登記手数料としての収入印紙を納付する場合は，登記手数料としての収入印紙は貼らずにそのまま提出してください。

準口頭		関連事件番号　平成・令和　年（家　）第　号

○○　家庭裁判所 御中 令和　○　年　○　月　○　日	申立人 （又は法定代理人など） の記名押印	甲　野　夏　男　㊞

添付書類	※　必要な添付書類を提出していただきます。

申立人	本籍（国籍）	（戸籍の添付が必要とされていない申立ての場合は，記入する必要はありません。） 都道府県
	住所	〒　○○○－○○○○　電話　○○○（○○○）○○○○ ○○県○○市○町○番○号○○ハイツ桜山23号室 （　方）
	連絡先	〒　－　電話　（　） （注：住所で確実に連絡ができるときは記入しないでください。） （　方）
	フリガナ 氏名	コウノ　ナツオ 甲野　夏男 昭和（○で囲む）・平成・令和　○年　○月　○日生（　○○　歳）
	職業	会社員
※成年被後見人	本籍（国籍）	（戸籍の添付が必要とされていない申立ての場合は，記入する必要はありません。） 都道府県
	住所	〒　○○○－○○○○　電話　○○○（○○○）○○○○ △△県○×市○×町○丁目○○番○号 （　方）
	連絡先	〒　－　電話　（　） （　方）
	フリガナ 氏名	コウノ　タロウ 甲野　太郎 昭和（○で囲む）・平成・令和　○年　○月　○日生（　○○　歳）
	職業	無職

（注）　太枠の中だけ記入してください。
※の部分は，申立人，法定代理人，成年被後見人となるべき者，不在者，共同相続人，被相続人等の区別を記入してください。

別表第一（1/2）

申　立　て　の　趣　旨
成年被後見人の成年後見監督人を選任する旨の審判を求めます。

申　立　て　の　理　由
1　申立人は，平成〇〇年〇月〇日，〇〇家庭裁判所において，成年後見人に選任されました。
2　成年被後見人の財産として預金や株式のほか，多数の不動産があり，これらの財産について
適切に後見事務が行われていることを監督してもらうため，成年後見監督人の選任を求めたい
と思います。

基本事件　　　　　　年(家)第　　　　　　　　　号　成年被後見人等

監督事務報告書

令和　　年　　月　　日

報告者（後見・保佐・補助　監督人）　　　　　　　　　　　印

住所　　　　　　　　　　　　　　　　　　TEL　　（　　）

1．後見人，保佐人，補助人（以下「後見人等」という。）が行っている事務は次のとおりである。

(1) 本人の生活，療養看護面について，後見人等から

□　報告を受けている。　□　以下の点が不明である。

(2) 本人の財産面について，後見人等から

□　報告を受けている。　□　報告がない。又は以下の点が不明である。

2．後見人等の事務の執行状況は，

□　適正に執行されている。　□　次の点に問題がある。

3．本人の生活や財産について，困っていることは，

□　特になし。　　□　以下のことで困っている。

4．その他，後見等監督事務に関して気になっていることは，

□　特になし。　　□　以下のことが気になっている。

開始事件番号　＿＿＿＿＿年(家)第＿＿＿＿＿＿号

住所　＿＿＿＿＿＿＿＿＿＿＿＿＿＿＿＿＿＿＿＿＿＿＿

（現に居住する住居，施設等の住所を記載する。）

成年被後見人　＿＿＿＿＿＿＿＿

報　告　書　（一時金交付）

東京家庭裁判所　☐立川支部　御中

年　　月　　日

成年後見人　＿＿＿＿＿＿＿＿＿＿＿＿＿＿＿＿㊞

＿＿＿＿＿＿＿＿＿＿銀行を受託者とする信託契約につき，下記のとおり一時金の交付が必要であると考えますので，報告します。

記

1　交付請求額　　金＿＿＿＿＿＿＿＿円

2　理　　　由　　＿＿＿＿＿＿＿＿＿＿＿＿＿＿＿＿＿＿＿に必要なため

3　交付請求日　　指示の日から３週間以内の日

（初日不算入，最終日が祝日の場合は翌営業日）

4　添付資料

(1)　交付請求額及び理由の相当性を疎明する書類

(2)　受託者から受領した直近の信託財産状況報告書

(3)　成年後見人が管理している成年被後見人名義の預貯金通帳の写し

監督事件番号　　　　年(家)第　　　　号(基本事件　　　　年(家)第　　　　号)

指　示　書　（一時金交付）

職権により，上記報告書のとおり一時金交付の請求をすることを指示する。

年　　月　　日

東京家庭裁判所　☐家事第１部　☐立川支部

裁判官

以　上

家庭裁判所連絡先：　　　－　　　－

第９章　成年後見制度の費用と報酬

はじめに

成年後見人等は，成年被後見人等との間で法定委任的な法律関係に立つことになる。そのため，成年被後見人等の事務を遂行するために要した費用については，成年後見人等は，直接本人である成年被後見人等の財産から支出することができる。また，家庭裁判所は，審判により，成年被後見人等の財産の中から，相当な報酬を成年後見人等に与えることができる。

成年後見を大きく二分すると，親族後見と専門職後見とに分けることができるが，親族後見であるからといって，費用請求権も報酬請求権も発生しないということにはならない。親族の中には，成年被後見人等に対して具体的な扶養義務（抽象的な扶養義務を負う者に扶養可能性があり，扶養権利者に扶養必要性が生じている場合を指す。）を負っている者もいるため，具体的扶養義務を負う成年後見人等が成年被後見人等の事務を遂行するために要した費用や報酬は，扶養義務の範囲内のものであると考えられる場合もありうるとは思われる。しかし，成年後見人等が抽象的な扶養義務を負っているだけでは，必ずしもそのような結論にはならない。したがって，親族後見か専門職後見かで，費用や報酬につき，あまり極端な区別をすることは妥当ではない。むしろ，後見等の性質については同一であると考えたうえで，専門職の技能に応じた報酬額等が定められるべきであろう。

1　申立てに関する費用

成年後見開始審判等の申立てに必要な費用は，第２章４（3）で述べたとおり，申立手数料として800円が必要である（民事訴訟費用等に関する法律別表第一の15項）。次に，審判の登記手数料は2,600円とされている（登記手数料令14条1項）。申立手数料及び登記手数料は収入印紙で納付するものとされている（民事訴訟費用等に関する法律8条・後見登記等に関する法律11条2項）。それと，申立ての際には，審判書の送達を含むさまざまな連絡用として郵便切手を納付しなければならない。

申立てに必要な費用のうち，申立てに要する経費（申立手数料，登記手数料，鑑定費用等）については，第3章2で述べたとおり，成年後見制度利用支援事業における助成の対象となっている。ただし，この助成した費用については，成年被後見人に十分な資力があり，助成費用を負担できる場合には，家事事件手続法28条2項2号に基づいて手続費用の全部または一部を成年被後見人の負担として徴収することができる。

2 後見事務に関する費用

成年後見人は，その就職の初めにおいて，成年被後見人の生活，教育または療養看護及び財産の管理のために毎年支出すべき金額を予定しなければならない（民861条1項）。この予定表が第2章の申立時に提出する書式11として示したものである。

成年後見人等が後見事務を行うために必要な費用は，成年被後見人の財産の中から支弁する（同条2項・876条の5第2項・876条の10第1項）。この規定は，法定委任的な性質の法律関係にある成年後見人等が，その事務を行うために必要な費用を直接本人である成年被後見人等の財産から支出することができる旨を定めているものである。そして，成年後見人等がその事務を行うために必要な費用を立て替えた場合，成年被後見人等に求償できることも含んでいる規定であると解されている。また，成年後見監督人等についても，民法861条2項の規定が準用されており（民852条・876条の3第2項・876条の8第2項），成年後見監督人等が後見監督事務を行うために必要な費用は，被後見人の財産の中から支弁することとなる。

3　成年後見人等の報酬

成年後見人・成年後見監督人等は，報酬請求権を有している。民法 862 条は，「家庭裁判所は，後見人及び被後見人の資力その他の事情によって，被後見人の財産の中から，相当な報酬を後見人に与えることができる。」と定めており，この条文は，保佐人（民 876 条の 5 第 2 項），補助人（民 876 条の 10 第 1 項），成年後見監督人（民 852 条），保佐監督人（民 876 条の 3 第 2 項），補助監督人（民 876 条の 8 第 2 項）に準用されている。

⑴　申立書

成年後見人等の報酬請求については，成年後見人等が家庭裁判所に対して報酬付与の審判を申し立てて行う。報酬付与の審判の申立書の書式は，書式 28 のようなものである。なお，東京家庭裁判所では，書式 29 のような書式を採用しており，成年後見監督人の報酬付与の審判の申立書例として掲げておく。

⑵　添付書類

成年後見人等の報酬付与の審判を申し立てる際には，次のような添付書類が要求されている。

①　報酬付与申立事情説明書

②　後見等（監督）事務説明書

③　財産目録

④　預貯金通帳の写し等

⑶　申立ての費用

報酬付与の審判の申立手数料は，家事事件手続法別表第一に掲げる事項であるから，800 円となる（民事訴訟費用等に関する法律別表第一の 15 項）。申立手数料は収入印紙で納付するものとされている（民事訴訟費用等に関する法律 8 条）。

申立ての際には，郵便切手を納付しなければならない。郵便切手については，申立てをする裁判所に確認する必要がある。

⑷ 成年後見人等の報酬の目安

成年後見人等の報酬の目安については，東京家庭裁判所が平成 25（2013）年 1 月 1 日に「成年後見人等の報酬のめやす」を公表している。同「めやす」によれば，成年後見人等の報酬額の基準は法律で決まっているわけではないので，裁判官が，対象期間中の後見等の事務内容（財産管理及び身上監護），成年後見人等が管理する被後見人等の財産の内容等を総合考慮して，裁量により，各事案における適正妥当な金額を算定し，審判をしているとしている。

同「めやす」は，専門職が成年後見人等に選任された場合について，これまでの審判例等，実務の算定実例を踏まえた標準的な報酬額の目安として示すものであり，親族の成年後見人等は，親族であることから報酬付与の申立てがなされないことが多いのであるが，申立てがあった場合には，これを参考にして事案に応じて減額されることがあるとしている。

そのうえで，同「めやす」では，まず，基本報酬として，成年後見人の基本報酬額の目安を月額 2 万円としている。ただし，管理財産額が高額な場合には，財産管理事務が複雑・困難になる場合が多いとして，管理財産額が 1,000 万円を超え 5,000 万円以下の場合には基本報酬額を月額 3 万円～ 4 万円，管理財産額が 5,000 万円を超える場合には基本報酬額を月額 5 万円～ 6 万円としている。この基本報酬額については，保佐人・補助人も同様としている。また，成年後見監督人の基本報酬額の目安については，管理財産額が 5,000 万円以下の場合には月額 1 万円～ 2 万円，管理財産額が 5,000 万円を超える場合には月額 2 万 5,000 円～ 3 万円としている。保佐監督人・補助監督人，任意後見監督人も同様であるとされている。

次に，付加報酬額として，成年後見人等の後見等事務において，身上監護等に特別困難な事情があった場合には，上記基本報酬額の 50% の範囲内で相当額の報酬を付加するものとしている。また，成年後見人等が，たとえば，報酬付与申立事項説明書に記載されているような特別の行為をした場合には，相当額の報酬を付加することがあるとされている。

さらに，成年後見人等が複数の場合には，上記の基本報酬額及び付加報酬額を，分掌事務の内容に応じて，適宜の割合で按分するものとされている。

現在，各家庭裁判所において，成年後見制度利用促進基本計画の趣旨を踏まえた成年後見人等の選任の在り方と併せて，その報酬の在り方についても検討が行われている。成年後見人等が行った事務の内容や負担等も考慮して報酬額を算定することや，身上保護（身上配慮）に関する事務も報酬算定にあたって適切に評価する方向で，鋭意検討が進められているようである（成年後見制度利用促進専門家会議第 3 回議事録 5 頁）。

⑸　成年後見制度利用支援事業と公的後見

成年後見人等の報酬についても，成年後見制度利用支援事業の対象とされている。もっとも，申立費用と異なり，成年後見人等の報酬は比較的高額であるし，若年の知的障がい者や精神障がい者の支援は長期に存続する可能性があるため，単年度予算で手当てしていくには困難が多い。そのため，成年後見制度利用支援事業で報酬助成までが行われているのは，高齢者のケースが多くなってしまう。また，申立費用の助成はかなり進んでいるものの，報酬の助成はあまり活発ではない。

そうだとすれば，若年の知的障がい者や精神障がい者のための支援は，成年後見制度利用支援事業ではなく，むしろ端的に公的後見制度を考えるべき時期に来ているのではないかと思われる。確かに利用支援事業を活用するよりも公的後見制度を構築していくほうがはるかにハードルが高くなってしまうのではあるが，今後の実効性を考えるならば，公的後見制度を検討すべきであろう。

受付印	
収入印紙　円	
予納郵便切手　円	
予納収入印紙　円	

家事審判申立書　事件名（成年後見人に対する）報酬付与

（この欄に申立手数料として1件について８００円分の収入印紙を貼ってください。）

印紙

（貼った印紙に押印しないでください。）

（注意）登記手数料としての収入印紙を納付する場合は，登記手数料としての収入印紙は貼らずにそのまま提出してください。

準口頭		関連事件番号　平成・令和　　年（家　　）第　　　号

○○　家庭裁判所 御中 令和　○　年　○　月　○　日	申立人 （又は法定代理人など） の記名押印	甲　野　夏　男　㊞

添付書類	※　必要な添付書類を提出していただく場合があります。

申立人	本籍 （国籍）	（戸籍の添付が必要とされていない申立ての場合は，記入する必要はありません。） 都道 府県
	住所	〒 ○○○ － ○○○○　電話　○○○（○○○　）○○○○ **○○県○○市○町○番○号○○ハイツ桜山２３号室** （　　　方）
	連絡先	〒　－　電話　（　　） （注：住所で確実に連絡ができるときは記入しないでください。） （　　　方）
	フリガナ 氏名	コウノ　ナツオ **甲　野　夏　男**　｜　昭和（○囲み）・平成・令和　○　年　○　月　○　日生　（　○○　歳）
	職業	**会　社　員**
※ 成年被後見人	本籍 （国籍）	（戸籍の添付が必要とされていない申立ての場合は，記入する必要はありません。） 都道 府県
	住所	〒 ○○○ － ○○○○　電話　○○○（○○○　）○○○○ **△△県○×市○×町○丁目○○番○号** （　　　方）
	連絡先	〒　－　電話　（　　） （　　　方）
	フリガナ 氏名	コウ　ノ　タロウ **甲　野　太　郎**　｜　昭和（○囲み）・平成・令和　○　年　○　月　○　日生　（　○○　歳）
	職業	**無　職**

（注）　太枠の中だけ記入してください。
※の部分は，申立人，法定代理人，成年被後見人となるべき者，不在者，共同相続人，被相続人等の区別を記入してください。

別表第一（１/２）

【成年被後見人生存中の場合】

申　立　て　の　趣　旨
申立人に対し，令和○年○月○日から令和○○年○月○日までの間の成年後見人の報酬として
成年被後見人の財産の中から相当額を与えるとの審判を求める。

申　立　て　の　理　由
1　申立人は，平成○○年○月○日，○○家庭裁判所において，成年被後見人の成年後見人に選任
されました。
2　申立人は，令和○年○月○日から令和○○年○月○日までの間，既に報告したとおり成年後見
人として職務を行ってきました。
3　よって，この間の職務に対する報酬として相当額を付与されたく，この申立てをします。

【成年被後見人死亡の場合】

申　立　て　の　趣　旨
申立人に対し，成年後見人の報酬として相当額を付与するとの審判を求める。

申　立　て　の　理　由
1　申立人は，平成○○年○月○日，○○家庭裁判所において，成年被後見人の成年後見人に選任
されました。
2　成年被後見人は令和○○年○月○日死亡しました。
3　申立人が行った事務の内容は，既に報告したとおりです。
4　よって，申立人に相当額の報酬を付与されたく，この申立てをします。

指定月____月

受付印	□成年後見人　□保佐人　□補助人　□未成年後見人 □監督人（□成年後見　□保佐　□補助　□任意後見 □未成年後見）に対する報酬付与申立書
収入印紙　８００円 予納郵便切手　８４円	この欄に収入印紙800円分を貼る。 （貼った印紙に押印しないでください。）

準口頭		基本事件番号	□　平成 □　令和　　年（家　　）第　　　号
東京家庭裁判所　御中 □立川支部 令和　年　月　日		申立人の記名押印	印
添付書類	□ 報酬付与申立事情説明書　□ 後見等(監督)事務報告書　□ 財産目録 □ 預貯金通帳の写し等　□ ※後見登記事項に変更がある場合は□ 住民票　□ 戸籍抄本		

申立人	住所又は事務所	〒　－　　電話　（　）
	氏名	
本人	住所	〒　－
	氏名	

※申立人欄は窓空き封筒の申立人の宛名としても使用しますので，パソコン等で書式設定する場合には，以下の書式設定によりお願いします。
（申立人欄書式設定）
上端10.4㎝
下端14.5㎝
左端 3.3㎝
右端 5㎝

申立ての趣旨	申立人に対し，相当額の報酬を与えるとの審判を求める。
申立ての理由	別添報酬付与申立事情説明書のとおり

裁判所使用欄

1　申立人に対し｛□就職の日 □平成 □令和　年　月　日｝から｛□終了の日 □平成 □令和　年　月　日｝までの

報酬として，本人の財産の中から□□□□万□０００円（内税）を与える。

2　手続費用は，申立人の負担とする。

令和　年　月　日

東京家庭裁判所　□家事第１部　□立川支部

裁判官

告　知
受告知者　申立人
告知方法　□住所又は事務所に謄本送付
　　　　　□当庁において謄本交付
年 月 日　令和　・　・
　　　　　裁判所書記官

R1.10 **版**

第 10 章　成年後見等の終了

はじめに

成年後見等の終了原因には，①成年後見人等・成年被後見人等の死亡，②原因の消滅による審判の取消，③成年後見人等の辞任，④成年後見人等の解任，⑤成年後見人等の欠格事由該当などがある。

成年被後見人等の死亡や原因の消滅による後見開始審判等の取消については，成年被後見人側の事情変更に該当するが，いずれも審判の必要性が消滅しているのであるから，審判の変更等が必要になっているのではなく，成年後見全体の終了となる。成年後見人等の死亡や辞任・解任・欠格事由該当については，成年後見人側の事情変更に該当するが，当該成年後見人等による成年後見は終了するものの，いずれの場合も成年被後見人等にとっては，支援の必要性が継続しているのであるから，成年後見全体を終了させるのではなく，新たな成年後見人等の選任が必要になってくることとなる。

1　成年後見等の終了

成年後見等は，成年被後見人の死亡によって終了する。したがって，成年被後見人の死亡後の事務については，成年後見人等は，緊急処分事務（「急迫の事情があるとき」）にしか権限が及ばないこととなっていた（民 874 条による民 654 条の準用）。したがって，高齢者福祉施設などで身寄りのない利用者が死亡した場合の火葬・埋葬などの取扱いについては，基本的に基礎自治体たる市区町村の責任において行われるべきであると指摘されてきた（行旅病人及行旅死亡人取扱法 2 条および墓地，埋葬等に関する法律 9 条の類推適用）。

しかし，そのような問題点に鑑みて，平成 28 年 4 月の第 190 回通常国会で成年後見事務円滑化法が成立した。成年後見事務円滑化法のポイントの一つとして，成年被後見人が死亡した後も成年後見人は一定の行為をすることができる権限が付与された（民 873 条の 2）。この点については 4 で述べる。

成年被後見人等が能力を回復した場合には，審判が取り消されることになり，成年後見等は終了する（民 10 条・14 条・18 条）。被補助人の能力が回復していなくても，補助を必要とした事情がなくなったために，補助人に付与された権限すべてが取り消された場合にも，補助開始審判は取り消される（民 18 条 3 項）。

また，被補助人や被保佐人の判断能力がより低下して，保佐開始審判や成年後見開始審判に移行した場合には，職権により，その前の補助や保佐の審判は取り消されることになる（民 19 条 1 項）。被保佐人及び成年被後見人の判断能力がある程度回復して，補助開始審判や保佐開始審判に移行した場合には，職権により，その前の保佐や後見の審判は取り消されることになる（同条 2 項）。

---

2 成年後見人等の辞任

成年後見人は，正当な事由があるときは，家庭裁判所の許可を得て，辞任することができる（民 844 条）。保佐人の辞任（民 876 条の 2 第 2 項），補助人の辞任（民 876 条の 7 第 2 項），成年後見監督人の辞任（民 852 条），保佐監督人の辞任（民 876 条の 3 第 2 項），補助監督人の辞任（民 876 条の 8 第 2 項）の場合にも，民法 844 条が準用されている。

成年後見制度は，判断能力が不十分な人の権利擁護を図る制度であって，成年後見人等が自由に辞任することを認めてしまうと，成年被後見人等の利益が著しく害されてしまうおそれがある。したがって，民法は，成年後見人等に対して，自由に辞任することを認めず，「正当な事由」の存在と家庭裁判所の許可を辞任のための要件としている。どのような場合が「正当な事由」がある場合に該当するかについては，①成年後見人等が職業上の必要等から遠隔地に住居を移転し，後見等の事務の遂行に支障が生じた場合，②老齢・疾病などにより後見等の事務の遂行に支障が生じた場合，③本人またはその親族との間に不和が生じた場合などが挙げられている（小林＝大門＝岩井・解説168頁）。

⑴　申立書

成年後見人等の辞任の許可の申立書は，書式30のようなものである。申立ての理由には，「正当な事由」を記載しなければならない。

⑵　添付書類

成年後見人等の辞任の許可の審判を申し立てる際には，次のような添付書類が要求されている。

①　戸籍謄本・住民票の写しなど

②　後見登記事項証明書

③　辞任の理由を証する資料（診断書など）

⑶　申立ての費用

成年後見人等の辞任の許可の審判の申立手数料は，家事事件手続法別表第一に掲げる事項であるから，800円となる（民事訴訟費用等に関する法律別表第一の15項）。登記手数料は，1,400円とされている（登記手数料令15条1項3号）。申立手数料及び登記手数料は収入印紙で納付するものとされている（民事訴訟費用等に関する法律8条・後見登記等に関する法律11条2項）。

なお，成年後見人等が辞任することで成年後見人等がいなくなる場合には，当該成年後見人等は，辞任の許可の申立てとともに，新たな成年後見人等の選任の申立てをしなければならず（民845条等），この場合の申立手数料は，辞任の許可の申立てと新たな成年後見人等選任申立てで，それぞれ800円となる。

申立ての際には，郵便切手を納付しなければならない。郵便切手については，申立てをする裁判所に確認する必要がある。

3　成年後見人等の解任

家庭裁判所は，成年後見人に不正な行為・著しい不行跡その他後見の任務に適しない事由があるときは，成年後見監督人，成年被後見人もしくはその親族もしくは検察官の請求によりまたは職権で，成年後見人を解任することができるとされている（民 846 条）。この条文は，保佐人（民 876 条の 2 第 2 項），補助人（民 876 条の 7 第 2 項），成年後見監督人（民 852 条），保佐監督人（民 876 条の 3 第 2 項），補助監督人（民 876 条の 8 第 2 項）にも準用されている。

この「不正な行為」とは，違法な行為または社会的に非難されるべき行為を意味し，主として成年後見人等が本人の財産を横領したり，私的に流用したりする（背任）などの財産管理に関する不正が該当するものとされている。「著しい不行跡」とは，品行ないし操行がはなはだしく悪いことを意味し，その行状が本人の財産の管理に危険を生じさせるなど，成年後見人等としての適格性の欠如を推認させる場合が該当するとされている。「その他その任務に適しない事由」とは，成年後見人等の権限濫用，管理失当，任務怠慢などを意味しているとされている（小林＝大門＝岩井・解説 169 頁）。

解任の場合は，辞任の場合と異なり，成年後見人等がその任務に適していないのであるから，成年被後見人等の利益のために直ちに任務を解かなければならない。したがって，次の適切な成年後見人等が選任されるまでの間の職務代行者が必要になるため，第 5 章 4・5 で述べた後見人等の解任等の審判前の保全処分が重要となる。

⑴　申立書

成年後見人等の解任の審判の申立書には，申立ての理由に，「成年後見人等に不正な行為など後見の任務に適しない事由」を記載しなければならない。

⑵　添付書類

成年後見人等の解任の審判を申し立てる際には，次のような添付書類が要求されている。

① 戸籍謄本・住民票の写しなど

② 後見登記事項証明書

⑶ 申立ての費用

成年後見人等の解任の審判の申立手数料は，家事事件手続法別表第一に掲げる事項であるから，800円となる（民事訴訟費用等に関する法律別表第一の15項）。申立手数料は収入印紙で納付するものとされている（民事訴訟費用等に関する法律8条）。申立ての際には，郵便切手を納付しなければならない。郵便切手については，申立てをする裁判所に確認する必要がある。

4 成年後見人の終了後の事務・死後事務

成年後見人の任務が終了したときは，成年後見人またはその相続人は，2か月以内にその管理の計算（後見の計算）をしなければならない（民870条）。後見の計算は，成年後見監督人がいるときは，その立会いをもってしなければならない（民871条）。成年後見人が成年被後見人に返還すべき金額及び成年被後見人が成年後見人に返還すべき金額には，後見の計算が終了した時から，利息を付さなければならない（民873条1項）。成年後見人が自己のために成年被後見人の金銭を消費したときは，その消費の時から，利息を付さなければならない（同条2項）。これらの規定については，保佐の場合（民876条の5第3項）にも補助の場合（民876条の10第2項）にも準用されている。

成年被後見人が死亡した場合，成年後見人の権限と義務が自動的に消滅するため，その後に必要な事務については事務管理として理解されていた。しかし成年後見事務円滑化法によって民法が改正され，相続財産に属する特定財産の保存行為（民873条の2第1号）と弁済期が到来している相続債務の弁済（同条2号）に関する成年後見人の権限を定め，さらに，家庭裁判所の許可のもとに死体の火葬・埋葬に関する契約の締結その他相続財産の保存行為（同条3号）に関する成年後見人の権限を定めている。

ただし，この規定については，被保佐人や被補助人が死亡した場合には準用されていないため，被保佐人や被補助人が死亡した場合に必要な事務を行うことは，依然として事務管理として理解することとなる。

受付印	家事審判申立書　事件名（成年後見人の辞任許可）
	（この欄に申立手数料として1件について800円分の収入印紙を貼ってください。） 印紙 （貼った印紙に押印しないでください。） （注意）登記手数料としての収入印紙を納付する場合は，登記手数料としての収入印紙は貼らずにそのまま提出してください。
収入印紙　円 予納郵便切手　円 予納収入印紙　円	

準口頭		関連事件番号　平成・令和　　年（家　　）第　　　号

○○　家庭裁判所 御中 令和　○　年　○　月　○　日	申立人 （又は法定代理人など） の記名押印	甲　野　夏　男　㊞

添付書類	※　必要な添付書類を提出していただきます。

申立人	本籍 （国籍）	（戸籍の添付が必要とされていない申立ての場合は，記入する必要はありません。） 都道 府県
	住所	〒　○○○－○○○○　　電話　○○○（○○○）○○○○ ○○県○○市○町○番○号○○ハイツ桜山23号室 （　　方）
	連絡先	〒　－　　電話　（　） （注：住所で確実に連絡ができるときは記入しないでください。） （　　方）
	フリガナ 氏名	コウノ　ナツオ 甲　野　夏　男　　昭和・平成・令和　○年○月○日生（○○歳）
	職業	会社員
※ 成年被後見人	本籍 （国籍）	（戸籍の添付が必要とされていない申立ての場合は，記入する必要はありません。） 都道 府県
	住所	〒　○○○－○○○○　　電話　○○○（○○○）○○○○ △△県○×市○×町○丁目○○番○号 （　　方）
	連絡先	〒　－　　電話　（　） （　　方）
	フリガナ 氏名	コウノ　タロウ 甲　野　太　郎　　昭和・平成・令和　○年○月○日生（○○歳）
	職業	無職

（注）　太枠の中だけ記入してください。
※の部分は，申立人，法定代理人，成年被後見人となるべき者，不在者，共同相続人，被相続人等の区別を記入してください。

別表第一（1/2）

申　立　て　の　趣　旨
成年被後見人の成年後見人を辞任することを許可する旨の審判を求めます。

申　立　て　の　理　由
1　申立人は，平成○○年○月○日，○○家庭裁判所において，成年後見人に選任され，これまで職務を行ってきました。
2　申立人は，現在○○歳と高齢になり，またリウマチを患い車イスを使用しており，成年後見人として職務を適正に行うことが困難となりましたので，成年後見人を辞任したいと思います。
3　よってこの申立てをします。

第 11 章　成年後見人等の対外的責任

はじめに

成年被後見人等が第三者に対して不法行為によって損害を与えた場合，成年後見人等がその法的責任を問われることになるのかどうかは大きな問題である。ノーマライゼーションの理念を前提として，判断能力が不十分な人が社会的に自由に行動することを保障するのであれば，場合によっては，判断能力が不十分であるがゆえにそのような人が第三者に損害を与えてしまうこともありえないではない。

そうした場合に成年後見人等が本人に代わってその法的責任を負うことになると，成年後見人等の負担は非常に大きなものとなってしまうし，ひいては，判断能力が不十分な人が社会的に自由に行動すること自体を制限することにもなりかねない。常に大きな法的責任を負う危険性があるとすれば，保険給付によってその損害をカバーすることも困難であるため，成年後見人等に就任しようとする人や法人が減少することも考えられる。

第三者に損害が生じている以上，誰も責任を取らなくてもいいということにはならないであろうが，せっかく成年後見制度の利用支援や利用促進を課題として，判断能力が不十分な人の人格的尊厳を最大限に尊重していこうとする動きに水をさすことにもなりかねないのである。そうだとすれば，判断能力が不十分な人の行為の責任に関する今後の考え方としては，成年後見人等の法的責任を強化する方向ではなく，判断能力が不十分な人の行動の自由を社会全体で受け止めて被害補償を図る方向に向かうべきであろう。

そこで，本章では，成年後見人等の対外的責任について，JR 東海事件の最高裁判決を題材に検討しておくこととしたい。

---

1 不法行為に関する民法の規律

民法は，「精神上の障害により自己の行為の責任を弁識する能力を欠く状態にある間に他人に損害を加えた者は，その賠償の責任を負わない。ただし，故意又は過失によって一時的にその状態を招いたときは，この限りでない。」（民713条）と定めている。つまり，加害者が自分に不法行為に基づく責任が生じると判断することができないときには，その損害を賠償する責任を負わないとされている。このように自分の不法行為に基づく責任が生じると判断することができる能力のことを責任能力と呼んでおり，従来の通説では，意思能力よりも少し高い精神能力であると解されている。

責任能力がない人が第三者に損害を与えてしまったときには，本人が責任を負わない代わりに，民法は法定の監督義務者に責任を負わせるものと定めている。民法は，「責任無能力者がその責任を負わない場合において，その責任無能力者を監督する法定の義務を負う者は，その責任無能力者が第三者に加えた損害を賠償する責任を負う。ただし，監督義務者がその義務を怠らなかったとき，又はその義務を怠らなくても損害が生ずべきであったときは，この限りでない。」（民714条1項）と定め，「監督義務者に代わって責任無能力者を監督する者も，前項の責任を負う。」（同条2項）と定めている。そうすると，責任能力がない人が第三者に損害を与えてしまった場合，その人の成年後見人が法定の監督義務者に該当するのであれば，民法714条に基づいて成年後見人が責任を負うことになる。

なお，本人に責任能力があれば本人が責任を負い，本人に責任能力がなければ法定の監督義務者が本人に代わって責任を負うという補充関係があるように見えるが，今日では，法定の監督義務者は，本人に責任能力がある場合であっても，独自に民法709条に基づく不法行為責任を負うものとされている。

したがって，成年後見人等は，民法714条の法定の監督義務者等に該当するのかどうかを検討しておかなければならない。また，民法 714 条の法定の監督義務者等に該当しないとしても，民法 709 条に基づく不法行為責任を負う可能性があるのかどうかについても検討しておかなければならない。

2　法定の監督義務者の該当性

JR 東海事件の最高裁判決（最判平成 28 年 3 月 1 日民集 70 巻 3 号 681 頁。以下，本章では単に「平成 28 年最高裁判決」という。）では，「精神上の障害による責任無能力者について監督義務が法定されていたもの」として，改正前精神保健福祉法上の保護者や平成 11 年改正前民法上の後見人が挙げられるとしつつ，それらの規定は法改正によって廃止されており，「平成 19 年当時において，保護者や成年後見人であることだけでは直ちに法定の監督義務者に該当するということはできない」と判断した。

したがって，成年被後見人が第三者に損害を与えたとしても，成年後見人が自動的に法定の監督義務者として，民法 714 条に基づく責任を直ちに負うわけではないことが明確にされたわけである。

なお，被保佐人や被補助人は，判断能力が不十分ではあるが，責任無能力者に直ちに該当するわけではない。明治民法の解釈においても，後見人には禁治産者に対する療養看護の努力義務があることを根拠として，後見人は法定の監督義務者に該当するとしていたが（我妻榮『事務管理・不当利得・不法行為』日本評論社（1937 年）159 頁），保佐人にはそのような義務は定められていないため，保佐人は法定の監督義務者としては扱われていなかったのである。現行民法においても，保佐人や補助人は，法定の監督義務者には含まれないと考えるべきである。

3　準監督義務者の概念

もっとも，平成 28 年最高裁判決は，「法定の監督義務者に該当しない者であっても，責任無能力者との身分関係や日常生活における接触状況に照らし，第三者に対する加害行為の防止に向けてその者が当該責任無能力者の監督を現に行いその態様が単なる事実上の監督を超えているなどその監督義務を引き受けたとみるべき特段の事情が認められる場合には，衡平の見地から法定の監督義務を負う者と同視してその者に対し民法714条に基づく損害賠償責任を問うことができるとするのが相当であり，このような者については，法定の監督義務者に準ずべき者として，同条1項が類推適用されると解すべきである」と判示した。

すなわち，成年後見人は，法定の監督義務者には該当しないとしても，監督義務を引き受けたとみるべき特段の事情が認められる場合には，法定の監督義務者と同視して責任を負わせることができるとしているのである。新たに「準監督義務者」という概念を設けて第三者の利益との調整を図ったものと考えることができる。

4　準監督義務者の該当性

その上で，平成28年最高裁判決は，どのような場合に準監督義務者に該当するのかについて，次のように判示している。

「ある者が，精神障害者に関し，このような法定の監督義務者に準ずべき者に当たるか否かは，その者自身の生活状況や心身の状況などとともに，精神障害者との親族関係の有無・濃淡，同居の有無その他の日常的な接触の程度，精神障害者の財産管理への関与の状況などその者と精神障害者との関わりの実情，精神障害者の心身の状況や日常生活における問題行動の有無・内容，これらに対応して行われている監護や介護の実態など諸般の事情を総合考慮して，その者が精神障害者を現に監督しているかあるいは監督することが可能かつ容易であるなど衡平の見地からその者に対し精神障害者の行為に係る責任を問うのが相当といえる客観的状況が認められるか否かという観点から判断すべきである。」

平成28年最高裁判決は，以上のような判断基準を示したうえで，JR東海事件における家族（高齢の妻及び長男）を法定の監督義務者に準ずる者ということはできないとした。したがって，平成 28 年最高裁判決は，準監督義務者に該当することを安易に認めているわけではない。しかし，上記のような判断基準による限り，判断能力を喪失した人を熱心にお世話している成年後見人は，事故の責任を負うリスクがあることになってしまいかねない。成年後見人には，介護・世話などの事実行為を行う身上配慮義務はないとされているため，それを超えて熱心にお世話すればするほどリスクが高まるという逆説が成立してしまわないかが問題となろう。

もしそうだとすれば，準監督義務者に対しても，民法 714 条を準用するのではなく，多くの論者が指摘してきたように，むしろ民法 709 条を適用して，民法 709 条の要件を満たす場合に限って，成年後見人の責任が認められると考えるほうが弊害は少ないのではないかと考えられる。

第 12 章　任意後見契約法

はじめに

任意後見制度とは，自分の判断能力が不十分となったときに備えて，自分の選んだ人（任意後見受任者）に支援をしてもらうことを決めておく制度である。法定後見制度とは，判断能力が不十分となったときに，家庭裁判所が支援する人（成年後見人等）を選任する制度である。任意後見制度は，自分が事前に選んでおいた人に支援者となってもらう制度であるから，本人の自己決定権を最大限に活かすためには，最適な制度だということができる。

しかし，そこで注意しなければならないのは，自分が事前に選んだ人に支援してもらう段階では，自分の判断能力が不十分になっているのであるから，第三者にチェックしてもらわなければ，本当に自分が選択したとおりのことが実現できているのかわからないこととなってしまう。そこで任意後見制度では，本人の判断能力が不十分になった場合，家庭裁判所に任意後見監督人を選任してもらい，それから任意後見契約を発効させるという方法を採用している。

任意後見制度の手続は複雑であるが，家庭裁判所が選任した人でなく，自分が選んでおいた人に将来のことを任せることができるのであるから，最も安心できる方法であろう。もっとも，制度を構築した場合，制度趣旨を逆手にとって，悪用しようとする人も出てくることにもなる。その悪用にはさまざまな方法がありうるが，自分の判断能力がなくなった後のことを託すからには，簡単に悪用されないようなチェックシステムを作っていくべきであろう。

1　任意後見契約

任意後見制度は，本人の判断能力が不十分になってから発効するのであるから，慎重な手続が定められている。まず，本人が任意後見人となってくれる人（任意後見受任者）を選び，任意後見受任者との間で，自分の判断能力が不十分となった場合に委託したい事務（自己の生活，療養看護，財産管理に関する事務の全部または一部）について代理権を付与する委任契約を締結することとなる（任意後見2条1号）。そして，その契約は任意後見監督人が選任されたときから効力を生じることを定めておかなければならない（同2条1号）。さらに，この契約は，法務省令で定める様式の公正証書でしなければならない（同3条）。つまり，本人が任意後見人の候補者と一緒に公証役場に出向き，公正証書で任意後見契約書を作成することとなる。

任意後見契約公正証書の書式は，書式31のようなものである。書式31は，さまざまな任意後見契約公正証書を参照して筆者が再構成した例文である。任意後見契約に関する法律第3条の規定による証書の様式に関する省令（平成12年法務省令9号）は，代理権目録につき，書式32または書式33の様式による用紙に，任意後見人が代理権を行うべき事務の範囲を特定して記載しなければならないと規定している。なお，同法務省令は，公証人は，任意後見契約公正証書を作成する場合には，本人の出生の年月日及び本籍（外国人にあっては，国籍）を記載しなければならないと規定しているのであり，外国人が日本において任意後見契約を締結することを予定している。

2　任意後見監督人選任の申立て

(1)　申立権者と申立ての要件

本人が，精神上の障害により事理を弁識する能力が不十分な状況にあるときは，家庭裁判所は，本人，配偶者，四親等内の親族または任意後見受任者の請求により，任意後見監督人を選任する（任意後見4条1項）。任意後見制度は，本人の自己決定を尊重する制度であるから，本人以外の者が任意後見監督人の選任を請求する場合には，あらかじめ本人の同意がなければならない（同条3項)。なお，任意後見契約公正証書を作成した場合，公証人が登記所に嘱託して，任意後見契約の登記がされる仕組みとなっている（後見登記等に関する法律5条)。

⑵　任意後見監督人選任の申立ての管轄

①　国内管轄

任意後見監督人選任の審判の管轄は，本人の住所地を管轄する家庭裁判所である（家手217条1項)。

②　国際管轄

外国人が日本で任意後見契約を締結して登記している場合の任意後見監督人選任の国際裁判管轄については，平成30年の人事訴訟法・家事事件手続法等に関する国際裁判管轄法制の改正では，明文規定は設けられなかった。従来から，日本で任意後見契約が登記されている場合には，日本における管轄を認めるべきであるとする考え方はあったが，財産管理契約（委任契約）や準委任契約として債権契約と同様な管轄とすべきで規定を設ける必要はないとする考え方もあり，明文化が見送られたためである。

日本において任意後見契約が登記されている場合に日本の裁判所に国際裁判管轄を認めるとすると，その対象は日本の任意後見契約法に基づくものに限られることになるはずであるが，外国法に基づく任意後見に関する審判事件に相当するものも含まれることになるのかという問題を生ずることとなる。この点について広く問題となりうるのは，在日韓国人が日本の任意後見制度を利用した場合であろう。もっともこの点については，韓国では，日本の任意後見契約法とほぼ同様な任意後見制度が創設されているため，任意後見監督人の選任の審判事件についても，日本に在住する韓国人に関しては，準拠法が本人の本国法である韓国法であったとしても，日本の裁判所に国際裁判管轄を認めることに困難はなく，あまり問題はないと思われる。

3 申立ての資料

⑴ 申立書

任意後見監督人の選任の申立書は，書式34のようなものである。

⑵ 添付書類

任意後見監督人の選任を申し立てる際には，次のような添付書類が要求されている。

① 戸籍謄本・住民票の写しなど
② 本人の任意後見契約に関する後見登記事項証明書
③ 本人が後見登記されていないことの証明書
④ 任意後見契約公正証書の写し
⑤ 本人の診断書
⑥ 本人の財産等に関する資料など

⑶ 申立ての費用

任意後見監督人の選任の審判の申立手数料は，家事事件手続法別表第一に掲げる事項であるから，800円となる（民事訴訟費用等に関する法律別表第一の15項）。登記手数料は，1,400円とされている（登記手数料令18条1項1号）。申立手数料及び登記手数料は収入印紙で納付するものとされている（民事訴訟費用等に関する法律8条・後見登記等に関する法律11条2項）。

申立ての際には，郵便切手を納付しなければならない。郵便切手については，申立てをする裁判所に確認する必要がある。

4 任意後見人・任意後見監督人の職務

⑴ 任意後見人の職務等

任意後見人は，任意後見契約に従って本人にとっての必要な事務を遂行しなければならない。任意後見契約は，委任契約の一種であるため，任意後見人は，当然に受任者としての善管注意義務（民644条）を負うこととなる。そして，その善管注意義務を敷衍して，成年後見人等と同様な身上配慮義務を負うべきとする考え方から，任意後見契約法 6 条は，任意後見人は，任意後見人の事務を行うに当たっては，本人の意思を尊重し，かつ，その心身の状態及び生活の状況に配慮しなければならないと定めている。

任意後見人の報酬や費用については，民法の委任の規定に従うこととなる。したがって，報酬については，書式 31 の第 7 条のような規定を設けておくこととなる。費用については，民法の委任の一般原則に従って償還請求することができる。

⑵　任意後見監督人の職務等

任意後見監督人の職務は，任意後見人の事務を監督し（任意後見 7 条 1 項 1 号），任意後見人の事務に関して家庭裁判所に定期的に報告し（同項 2 号），急迫の事情がある場合には任意後見人の代理権の範囲内において必要な処分をなし（同項 3 号），任意後見人またはその代表する者と本人との利益が相反する行為について本人を代表することである（同項 4 号）。

任意後見監督人は，いつでも，任意後見人に対して任意後見人の事務の報告を求め，または任意後見人の事務もしくは本人の財産の状況を調査することができる（同条 2 項）。家庭裁判所は，必要があると認めるときは，任意後見監督人に対し，任意後見人の事務に関する報告を求め，任意後見人の事務もしくは本人の財産の状況の調査を命じ，その他任意後見監督人の職務について必要な処分を命ずることができる（同条 3 項）。

任意後見監督人の報酬は，家庭裁判所は，任意後見人及び本人の資力その他の事情によって，本人の財産の中から，審判により相当な報酬を任意後見監督人に付与することができる（任意後見 7 条 4 項による民 862 条の準用）。報酬の目安については，第 9 章 3 ⑷を参照されたい。任意後見監督人の費用についても，本人の財産の中から支弁する（任意後見 7 条 4 項による民 861 条 2 項の準用）。立て替えによる求償が認められることも成年後見の場合と同様である。

任意後見監督人の辞任・解任についても，成年後見人の辞任・解任の規定が準用されている（任意後見7条4項による民844条・846条の準用）。

5　任意後見契約の終了

⑴　任意後見契約の解除

任意後見契約は，法定後見制度と異なり，契約の解除によって終了する。任意後見契約法では，解除に関する特則を設けている。まず，任意後見監督人が選任される前においては，本人または任意後見受任者は，いつでも，公証人の認証を受けた書面によって，任意後見契約を解除できる（任意後見9条1項）。次に，任意後見監督人が選任された後においては，本人または任意後見人は，正当な事由がある場合に限り，家庭裁判所の許可を得て，任意後見契約を解除することができる（同条2項）。

⑵　任意後見人の解任

任意後見人に不正な行為，著しい不行跡その他その任務に適しない事由があるときは，家庭裁判所は，任意後見監督人，本人，その親族または検察官の請求により，任意後見人を解任することができる（任意後見8条）。

なお，任意後見人の解任申立てにおいて，任意後見契約が効力を生じる前の事由は任意後見人の解任事由とはならないとした名古屋高裁決定がある（名古屋高決平成22年4月5日（平成22年（ラ）第32号）審判書4）。

⑶　法定後見の開始

任意後見監督人が選任された後において本人が後見開始の審判等を受けたときは，任意後見契約は終了するものとされている（任意後見10条3項）。これは，任意後見人と法定後見人の権限の重複・抵触を防止するための措置であるとされている。

⑷　その他の終了原因

任意後見契約は，委任契約の一種であるから，委任契約の一般原則として，本人または任意後見人（任意後見受任者）の死亡，破産手続開始決定によって終了する（民653条1号・2号）。また，任意後見人（任意後見受任者）が成年後見開始の審判を受けた場合にも任意後見契約は終了する（民653条3号）。

任意後見契約公正証書

本公証人は、委任者○○（以下「甲」という。）、受任者△△（以下「乙」という。）の嘱託により、この証書を作成する。

第１条（契約の趣旨）

甲は、乙に対し、令和　　年　　月　　日、任意後見契約に課する法律に基づいて、精神上の障害によって判断能力が不十分な状況になったときの甲の生活、療養看護及び財産の管理に関する事務（以下「後見事務」という。）を委任し、乙はこれを引き受ける。

第２条（契約の発効）

１　本契約は、任意後見監督人が選任された時から効力を生ずる。

２　甲が精神上の障害によって判断能力が不十分な状況になったときは、乙は、家庭裁判所に任意後見監督人の選任の請求をする。

第３条（後見事務の範囲）

甲は、乙に対し、別紙代理権目録記載の後見事務（以下「本件後見事務」という。）を委任し、その事務遂行のための代理権を付与する。

第４条（身上配慮の責務）

乙が本件後見事務を処理するに当たっては、乙は、甲の意思を尊重し、かつ、甲の身上に配慮するものとし、事務遂行のために適切な時期に甲と面談し、主治医・ヘルパーその他の日常生活支援者から甲の心身及び生活の状況について説明を受け、甲の生活状況及び健康状態の把握に努めるものとする。

第５条（証書等の保管等）（略）

第６条（費用の負担）

乙が本件後見事務を遂行するために必要な費用は、甲の負担とする。乙は、その管理する甲の財産からこれを支出することができる。

第７条（報酬）

甲は、本契約の効力発生後、乙に、本件後見事務遂行に対する報酬として、毎月末日限り、金○○円を支払うものとする。

第８条（報告）

１　乙は、任意後見監督人に対し、□月ごとに、本件後見事務に関して書面で報告する。

２　乙は、任意後見監督人の請求があるときは、いつでも速やかにその求められた事項について任意後見監督人に報告しなければならない。

第９条（契約の解除）

１　任意後見監督人が選任される前は、甲または乙は、いつでも公証人の認証を受けた書面によって、本契約を解除することができる。

２　任意後見監督人が選任された後は、甲または乙は、正当な事由がある場合に限り、家庭裁判所の許可を得て、本契約を解除することができる。

第１０条（契約の終了）（略）

附録第1号様式

代理権目録

A　財産の管理・保存・処分等に関する事項

A1□　甲に帰属する別紙「財産目録」記載の財産及び本契約締結後に甲に帰属する財産（預貯金〔B1・B2〕を除く。）並びにその果実の管理・保存

A2□　上記の財産（増加財産を含む。）及びその果実の処分・変更
- □売却
- □賃貸借契約の締結・変更・解除
- □担保権の設定契約の締結・変更・解除
- □その他（別紙「財産の管理・保存・処分等目録」記載のとおり）

B　金融機関との取引に関する事項

B1□　甲に帰属する別紙「預貯金等目録」記載の預貯金に関する取引（預貯金の管理、振込依頼・払戻し、口座の変更・解約等。以下同じ。）

B2□　預貯金口座の開設及び当該預貯金に関する取引

B3□　貸金庫取引

B4□　保護預り取引

B5□　金融機関とのその他の取引
- □当座勘定取引　□融資取引
- □保証取引　□担保提供取引
- □証券取引〔国債、公共債、金融債、社債、投資信託等〕
- □為替取引
- □信託取引（予定（予想）配当率を付した金銭信託（貸付信託）を含む。）
- □その他（別紙「金融機関との取引目録」記載のとおり）

B6□　金融機関とのすべての取引

C　定期的な収入の受領及び費用の支払に関する事項

C1□　定期的な収入の受領及びこれに関する諸手続
- □家賃・地代
- □年金・障害手当金その他の社会保障給付
- □その他（別紙「定期的な収入の受領等目録」記載のとおり）

C2□　定期的な支出を要する費用の支払及びこれに関する諸手続
- □家賃・地代　□公共料金
- □保険料　□ローンの返済金
- □その他（別紙「定期的な支出を要する費用の支払等目録」記載のとおり）

D　生活に必要な送金及び物品の購入等に関する事項

D1□　生活費の送金

D2□　日用品の購入その他日常生活に関する取引

D3□　日用品以外の生活に必要な機器・物品の購入

E　相続に関する事項

E1□　遺産分割又は相続の承認・放棄

E2□　贈与若しくは遺贈の拒絶又は負担付の贈与若しくは遺贈の受諾

E３□　寄与分を定める申立て
E４□　遺留分減殺の請求

F　保険に関する事項

F１□　保険契約の締結・変更・解除
F２□　保険金の受領

G　証書等の保管及び各種の手続に関する事項

G１□　次に掲げるものその他これらに準ずるものの保管及び事項処理に必要な範囲内の使用
□登記済権利証
□実印・銀行印・印鑑登録カード
□その他（別紙「証書等の保管等目録」記載のとおり）
G２□　株券等の保護預り取引に関する事項
G３□　登記の申請
G４□　供託の申請
G５□　住民票、戸籍謄抄本、登記事項証明書その他の行政機関の発行する証明書の請求
G６□　税金の申告・納付

H　介護契約その他の福祉サービス利用契約等に関する事項

H１□　介護契約（介護保険制度における介護サービスの利用契約、ヘルパー・家事援助者等の派遣契約等を含む。）の締結・変更・解除及び費用の支払
H２□　要介護認定の申請及び認定に関する承認又は審査請求
H３□　介護契約以外の福祉サービスの利用契約の締結・変更・解除及び費用の支払
H４□　福祉関係施設への入所に関する契約（有料老人ホームの入居契約等を含む。）の締結・変更・解除及び費用の支払
H５□　福祉関係の措置（施設入所措置等を含む。）の申請及び決定に関する審査請求

I　住居に関する事項

I１□　居住用不動産の購入
I２□　居住用不動産の処分
I３□　借地契約の締結・変更・解除
I４□　借家契約の締結・変更・解除
I５□　住居等の新築・増改築・修繕に関する請負契約の締結・変更・解除

J　医療に関する事項

J１□　医療契約の締結・変更・解除及び費用の支払
J２□　病院への入院に関する契約の締結・変更・解除及び費用の支払

K□　**A～J以外のその他の事項**（別紙「その他の委任事項目録」記載のとおり）

L　以上の各事項に関して生ずる紛争の処理に関する事項

L１□　裁判外の和解（示談）
L２□　仲裁契約
L３□　行政機関等に対する不服申立て及びその手続の追行
L４・１　任意後見受任者が弁護士である場合における次の事項
L４・１・１□　訴訟行為（訴訟の提起、

調停若しくは保全処分の申立て又はこれらの手続の追行、応訴等）

L4・1・2□　民事訴訟法第55条第2項の特別授権事項（反訴の提起、訴えの取下げ・裁判上の和解・請求の放棄・認諾、控訴・上告、復代理人の選任等）

L4・2□　任意後見受任者が弁護士に対して訴訟行為及び民事訴訟法第55条第2項の特別授権事項について授権をすること

L5□　紛争の処理に関するその他の事項（別紙「紛争の処理等目録」記載のとおり）

M　復代理人・事務代行者に関する事項

M1□　復代理人の選任

M2□　事務代行者の指定

N　以上の各事務に関連する事項

N1□　以上の各事項の処理に必要な費用の支払

N2□　以上の各事項に関連する一切の事項

注1　本号様式を用いない場合には、すべて附録第2号様式によること。

2　任意後見人が代理権を行うべき事務の事項の□にレ点を付すること。

3　上記の各事項（訴訟行為に関する事項〔L4・1〕を除く。）の全部又は一部について、数人の任意後見人が共同して代理権を行使すべき旨の特約が付されているときは、その旨を別紙「代理権の共同行使の特約目録」に記載して添付すること。

4　上記の各事項（訴訟行為に関する事項〔L4・1〕を除く。）の全部又は一部について、本人又は第三者の同意（承認）を要する旨の特約が付されているときは、その旨を別紙「同意（承認）を要する旨の特約目録」に記載して添付すること。（第三者の同意（承認）を要する旨の特約の場合には、当該第三者の氏名及び住所（法人の場合には、名称又は商号及び主たる事務所又は本店）を明記すること。）。

5　別紙に委任事項・特約事項を記載するときは、本目録の記号で特定せずに、全文を表記すること。

附録第２号様式

代　理　権　目　録

一、　何　　何

一、　何　　何

一、　何　　何

一、　何　　何

一、　何　　何

注１　附録第１号様式を用いない場合には、すべて本号様式によること。

２　各事項（訴訟行為に関する事項を除く。）の全部又は一部について、数人の任意後見人が共同して代理権を行使すべき旨の特約が付されているときは、その旨を別紙「代理権の共同行使の特約目録」に記載して添付すること。

３　各事項（任意後見受任者が弁護士である場合には、訴訟行為に関する事項を除く。）の全部又は一部について、本人又は第三者の同意（承認）を要する旨の特約が付されているときは、その旨を別紙「同意（承認）を要する旨の特約目録」に記載して添付すること（第三者の同意（承認）を要する旨の特約の場合には、当該第三者の氏名及び住所（法人の場合には、名称又は商号及び主たる事務所又は本店）を明記すること。）。

４　別紙に委任事項・特約事項を記載するときは、本目録の記号で特定せずに、全文を表記すること。

受付印	
貼用収入印紙　円	
予納郵便切手　円	
予納収入印紙　円	

任意後見監督人選任申立書

(注意) 登記手数料としての収入印紙は，貼らずにそのまま提出してください。

この欄に**申立手数料としての**収入印紙800円分を貼ってください（**貼った印紙に押印しないでください**）。

準口頭		関連事件番号　平成・令和　　年（家　　）第　　　号

家庭裁判所 御中 令和　　年　　月　　日	申立人の 記名押印	印

添付書類	（審理のために必要な場合は，追加書類の提出をお願いすることがあります。） □ 本人の戸籍謄本（全部事項証明書） □ 本人の後見登記事項証明書 □ 本人の財産に関する資料 □ □ 任意後見契約公正証書の写し □ 本人の診断書（家庭裁判所が定める様式のもの） □ 任意後見監督人候補者の住民票又は戸籍附票 （候補者を立てていただく場合のみ必要です。）

申立人	住所	〒　　－　　電話　（　　） （　　方）	
	フリガナ 氏名		大正 昭和　年　月　日生 平成 （　　歳）
	職業		
	本人との関係	※ 1 本人　2 配偶者　3 四親等内の親族（　　） 4 任意後見受任者　5 その他（　　）	
本人	本籍 （国籍）	都 道 府 県	
	住所	〒　　－　　電話　（　　） （　　方）	
	フリガナ 氏名		明治 大正 昭和　年　月　日生 平成 （　　歳）
	職業		

（注）　太枠の中だけ記入してください。　※の部分は，当てはまる番号を○で囲み，3又は5を選んだ場合には，（　　）内に具体的に記入してください。

(942140)

申　立　ての　趣　旨
任意後見監督人の選任を求める。

申　立　ての　理　由
（申立ての動機，本人の生活状況などを具体的に記入してください。）

任意後見契約	公正証書を作成した公証人の所属	法務局		証書番号	平成 令和　年　第　号		
	証書作成年月日	平成 令和　年　月　日		登記番号	第　ー　号		
任意後見受任者	住所	〒　－		電話　（　） （　方）			
	フリガナ 氏名			大正 昭和 平成　年　月　日生 （　歳）			
	職業			本人との関係			
	勤務先			電話　（　）			

（注）太枠の中だけ記入してください。

任意後見人解任申立て却下審判に対する即時抗告事件
名古屋高等裁判所平成２２年（ラ）第３２号
平成２２年4月５日民事第２部決定

主　　文

本件抗告を棄却する。

理　　由

第１　抗告の趣旨及び理由

本件抗告の趣旨及び理由は、別紙「即時抗告申立書」及び「準備書面」（各写し）記載のとおりである。

第２　当裁判所の判断

１　当裁判所の判断

（１）当裁判所も、抗告人の申立ては理由がないものと判断する。（以下略）

（２）抗告の理由に対する判断

抗告人は、大要、次のとおり主張する。〔１〕任意後見契約が効力を生じる前に本人の財産に不利益を及ぼす行為をした者は、任意後見人に就任した後本人の財産に危険を生じさせる可能性が極めて高いのだから、任意後見契約に関する法律８条の「任務に適しない事由」は、任意後見契約が効力を生じる以前の事由も含まれると解すべきである。〔２〕本件では、そもそも任意後見契約締結時から本人は事理弁識能力を欠いていたのであって、任意後見監督人選任までの間に任意後見契約を自ら解除することができなかった。このような事情があるにもかかわらず、任意後見契約が効力を生じる前の事由は任意後見人を解任する事由にならないとすると、本人の保護に著しく欠ける結果となる。〔３〕原審判別紙（１）ないし（４）の行為は任意後見契約締結前約１年の間に、同（５）及び（７）ないし（１０）の行為は任意後見契約締結後になされたものであり、このような時期にかかる不正行為をしているのは任意後見人に本人の財産を適正に管理する意思がなく、またその職務に必要な素養が欠けていて、本人の財産に危険を生じさせるおそれが大きいことを示している。

そこで検討してみるに、任意後見契約に関する法律８条は「任意後見人」の解任事由を規定しているが、同法は任意後見監督人が選任されて任意後見契約が効力を生じた後の「任意後見人」と、それ以前の「任意後見受任者」とを定義上明確に区別している（同法２条３号，４号）ところ、「任意後見受任者」については、任意後見監督人の選任に関する同法４条において、その選任ができない場合として、任意後見受任者に同法８条に定められたものと同じ事由がある場合を規定しており（同条１項３号ハ）、かつ、任意後見監督人を選任する審判については不服申立ができないとされている（なお，任意後見監督人選任申立ての却下審判に対する即時抗告は可能であることについて、特別家事審判規則３条の５参照）から、このような同法の文理と、また、任意後見人の解任事由として、任意後見受任者の段階及びそれ以前の事由の主張を許すことは、上述したとおり任意後見監督人の選任審判において審査がなされており、かつ、その選任審判に対する不服申立が許されていない同法及び上記規則の構造と相容れないものというべきである。

したがって、抗告人の上記主張はいずれも採用することができない。

２　よって、原審判は相当であり、本件抗告は理由がないからこれを棄却することとし、主文のとおり決定する。

書式・資料・審判書索引

【書式】

【資料】

【審判書】

〈著者紹介〉

平　田　　　厚（ひらた　あつし）

明治大学専門職大学院法務研究科教授・弁護士

[経歴]

1985年3月東京大学経済学部卒業，1990年4月第二東京弁護士会登録，2004年4月明治大学法科大学院専任教授就任，2012年3月日比谷南法律事務所設立。

[主な著書]

『新しい福祉的支援と民事的支援』（筒井書房），『介護保険サービス契約書の実務解説』（日本法令），『知的障害者の自己決定権（増補版）』（エンパワメント研究所），『成年年齢18歳成人論の意味と課題』（ぎょうせい），『親権と子どもの福祉』（明石書店），『虐待と親子の文学史』（論創社），『プラクティカル家族法』（日本加除出版），『社会福祉と権利擁護』（共著）（有斐閣），『福祉現場のトラブル・事故の法律相談Q＆A』（清文社），『新しい相続法制の行方』（きんざい），『審判例にみる家事事件における事情変更』（新日本法規），『介護事故の法律相談』（青林書院）など多数。

成年後見ハンドブック　　書籍番号500204

令和2年5月20日　第1版第1刷発行

著　者　平　田　　　厚

発行人　門　田　友　昌

発行所　一般財団法人　法　曹　会

〒100-0013　東京都千代田区霞が関1-1-1

振替口座　00120-0-15670

電　話　03-3581-2146

http://www.hosokai.or.jp/

落丁・乱丁はお取替えいたします。　印刷製本／(株)ディグ

ISBN978-4-86684-044-4